메타 트렌더는
아무도 모를 때
100배 주식을 산다

**메타 트렌더는
아무도 모를 때
100배 주식을 산다**

2025년 12월 31일 1판 1쇄 발행

지은이 | 나카지마 사토시
옮긴이 | 이정미
펴낸이 | 양승윤

펴낸곳 | (주)와이엘씨
　　　　서울특별시 강남구 강남대로 354 혜천빌딩 15층
　　　　Tel. 555-3200　Fax. 552-0436

출판등록 | 1987. 12. 8. 제1987-000005호
http://www.ylc21.co.kr

값 22,000원
ISBN 978-89-8401-272-1 03320

• 영림카디널은 (주)와이엘씨의 출판 브랜드입니다.
• 소중한 기획 및 원고를 이메일 주소(editor@ylc21.co.kr)로 보내주시면,
　출간 검토 후 정성을 다해 만들겠습니다.

나카지마 사토시 지음 | 이정미 옮김

영림카디널

META TREND TOUSHI

© Satoshi Nakajima, 2025
All rights reserved.
Originally published in Japan in 2025 by TOKUMA SHOTEN PUBLISHING CO., LTD., Tokyo.
Korean translation rights arranged with TOKUMA SHOTEN PUBLISHING CO., LTD. through Danny Hong Agency.

이 책의 한국어판 저작권은 대니홍 에이전시를 통한 저작권사와의 독점 계약으로 **(주)와이엘씨**에 있습니다. 저작권법에 의해 한국 내에서 보호를 받는 저작물이므로 무단 전재와 복제를 금합니다.

엔비디아의 다음은?
제2의 테슬라는?

10배주, 100배주를 찾으려면
'메타 트렌드'를 읽어라!

들어가며

저는 20년 넘게 메타 트렌드 투자를 해 왔습니다. 메타 트렌드란 meta(고차원의)와 trend(흐름)를 조합한 조어입니다.

메타 트렌드 투자란 사회 구조의 격변, 산업의 재편, 기술의 비약적 진보 등에서 비롯되는 메타 트렌드, 즉 시대의 거대한 흐름을 이른 단계에서 포착하고 거기에 맞는 기업에 투자하며 그 기업의 장기적인 성장을 노리는 방법입니다.

예를 들어 엔비디아나 테슬라 등 새로운 시대를 개척하는 기업을, 아직 대다수의 사람들이 이름조차 모르는 시점에 먼저 주목하는 것입니다. 또는 애플이나 아마존처럼 세계 경제를 주도하는 기업을, 아직 주가가 매우 저렴한 단계에 찾아내는 것입니다. 이런 기업의 주식을 이른 단계에 구입할 수 있다면 그 후 주가가 10배, 100배로 뛸 가능성도 있습니다.

게다가 메타 트렌드 투자라면 하루하루 주가 변동에 일희일비할 필요도 없습니다. 이 책에서는 그런 꿈같으면서도 동시에 현실적인 메타 트렌드 투자의 방법론을 실제 사례와 함께 쉽게 설명할 것입니다.

저는 이 책의 저자 나카지마 사토시입니다.

마이크로소프트 미국 본사에서는 엔지니어로서 윈도우 95의 개발에 참여해, 지금은 당연해진 '마우스 오른쪽 클릭'과 '드래그 앤 드롭'이라는 조작의 개념을 전파했습니다. 마이크로소프트 퇴사 후에는 여러 기업을 창업하고 경영했습니다. 2019년에는 차량 탑재 시스템의 유저 인터페이스 설계 등을 진행한 소프트웨어 회사 지보Xevo를 3억 2천만 달러에 매각했습니다. 그 후에도 엔지니어, 창업가, 경영자 등으로 활동했으며 최근에는 유료 뉴스레터의 저자로서 원고를 쓰는 시간이 늘어났습니다.

"차세대 엔비디아는 어디인가요?"

"테슬라처럼 주가가 폭등할 기업 다섯 곳을 꼽아주세요."

"나카지마 씨의 포트폴리오(주식 등 금융 자산의 조합)를 자세히 알고 싶습니다."

제가 매주 발행하는 유료 뉴스레터 《주간 Life is Beautiful》의 독자들은 이런 질문을 보냅니다.

뉴스레터에서는 IT 기업과 스타트업, 최신 기술, 나아가 국내 비즈니스 업계 사정까지 폭넓은 주제를 다룹니다. 특히 기업이 발표한 신제품이나 CEO 인터뷰, 비즈니스 미디어의 특집 기사 등을 바탕으로 개별 기업을 분석한 내용을 거의 매주 내놓습니다.

'이 기업의 강점은 무엇인가?', '그들은 어떤 혁신을 일으키고자 하는가?'에서 '이 CEO는 정말로 신용할 수 있을까?'에 이르기까지 엔지니어, 경영자 그리고 타고난 테크놀로지 마니아로서 다각적인 관점에서 분석합니다.

그리고 저는 분석과 집필만으로는 만족하지 않습니다. 장래성을 강하게 느끼거나 직감적으로 확신할 수 있는 기업의 경우, 실제로 주식을 구입합니다. 현재 주식 시장에서 크게 주목받는 엔비디아, 테슬라, 애플, 아마존도 거기에 포함됩니다.

이런 종목들을 10년, 20년 이상 계속 보유했으며 그중 다수가

10배에서 많게는 30배까지 성장했습니다. 그 실적을 전해 들은 독자들이 '차세대 엔비디아'를 물을 법도 합니다.

이런 질문에 구체적으로 답하기는 어렵지만 '차세대 엔비디아'나 '제2의 테슬라'를 찾아내기 위한 사고방식과 힌트는 전해드릴 수 있습니다.

많은 사람들이 그냥 지나치던 시점에 제가 엔비디아, 테슬라, 애플, 아마존 등을 매수한 것은 결코 우연이 아니었기 때문입니다. 많은 사람들이 주목하지 않던 단계에서 투자할 수 있었던 배경에는 메타 트렌드 투자의 발상과 실천이 있었습니다.

물론 투자에는 리스크가 따릅니다. 저도 승률 100%는 아닙니다. 특히 2001년에 닷컴 버블이 붕괴했을 때는 큰 타격을 입었습니다. 폭락하는 주가를 보고 초조해진 나머지, 나중에 크게 성장한 아마존 주식을 내던지고 말았을 정도입니다. 저는 지나간 일에 그다지 연연하지 않지만 그때의 판단은 아직까지 후회합니다.

이처럼 투자에는 리스크가 존재하지만, 그렇다고 해서 여윳돈을 은행에서 썩히는 것은 아깝습니다. 은행 예금은 투자와 달라서 기본적으로는 마이너스가 될 일이 없습니다. 은행이 파산해도 일정한 한도까지는 예금이 보전됩니다. 다시 말해 은행 예금은 원금이 보장되는 것입니다. 그렇다고 해서 마냥 안심할 수는 없습니다. 현재의 미국이나 일본처럼 인플레이션이 계속되면 현금의 가치가 점점 줄어들 것입니다.

은행은 이자도 쥐꼬리만큼 줍니다. 2024년 일본은행이 추가로 금리를 인상하면서 일본의 3대 은행이 예금 금리를 대폭 인상한다고 발표했습니다. 그러나 뚜껑을 열어 보니 0.02%에서 0.1%로 올랐을 뿐입니다. 일반적인 예금액으로는 어린이 용돈 정도의 이자밖에 받을 수 없습니다.

그러나 그 돈을 투자하면 예금 금리를 훌쩍 뛰어넘는 수익을 기대할 수 있습니다. 신(新) NISA(소액 투자 비과세 제도)가 시작되면서 일본에서도 큰 인기를 얻은 인덱스 펀드(S&P500과 국내 평균 주가 등 경제 지수와 연동되어 운용되는 투자 신탁)는 수익률이 평균 5%

정도라고 합니다. 개별 종목이라면 더 큰 수익을 얻을 수 있을 것입니다.

여윳돈을 그저 은행에 맡겨두면 현금 가치가 감소할 위험이 있으며 기회 손실로도 이어질 수 있습니다. 너무나도 아까운 행위입니다.

투자는 팬 활동

나아가 투자는 단순한 돈벌이를 뛰어넘는 즐거움을 가져다줍니다. 말하자면 '팬 활동'이기 때문입니다.

아이폰 없이 살 수 없는 사람이 왜 애플 주식을 사지 않을까요? 포인트 쌓기가 삶의 낙이어서 라쿠텐(일본의 온라인 쇼핑몰_옮긴이) 포인트를 열심히 쌓는 사람이 왜 라쿠텐 그룹 주식은 갖고 있지 않을까요?

이런 사람이 매우 많은 듯한데, 제게는 너무나도 이상해 보입니다.

자신이 애용하는 제품의 회사 주식을 갖게 되면, 신제품 발표가 마치 좋아하는 아이돌의 신곡 발표처럼 애타게 기다려집니다. 기업의 결산 발표가 아이돌 그룹의 새 유닛(일부 멤버들만 따로 모아서 활동하는 하위 그룹_옮긴이) 발표처럼 가슴 설레는 커다란 이벤트가 됩니다. 내가 좋아하는 아이돌이 국민 아이돌이 되는 과정을 사인회나 콘서트 등을 통해 바로 곁에서 즐기듯, 주식 투자를 통해 기업의 성장을 바로 곁에서 느낄 수 있습니다.

물론 인덱스 펀드를 활용한 장기 분산 투자도 자산 형성에 효과적인 선택지입니다. 그러나 여기에는 기본적으로 기업 분석 등이 필요하지 않으며, 장기 보유가 전제입니다. 반면 개별 종목 투자라면 직접 기업을 고르고 그 성장 스토리에 공감하며 마치 그 기업의 일원이 된 듯한 주인의식을 가지고 투자를 즐길 수 있습니다.

그리고 특히 자신이 응원하고 싶은 기업, 다시 말해 팬이 되고 싶은 기업에 투자하는 '팬 투자'라면 투자의 묘미인 '설렘'과 '기업과 하나 되어 성장하는 기쁨'에서 나오는 흥분과 감동을 실컷 만끽할 수 있습니다. 자세한 내용은 본문에서 이야기하겠지만 이런 팬 활동의 느낌도 투자의 매력 중 하나입니다.

제3의 투자 방법

투자의 세계에는 주가나 환율의 향후 변동을 예상하는 방법이 몇 가지 있습니다.

테크니컬 분석은 과거의 주가 데이터와 가격 변동을 바탕으로 예상하는 방법이고, 펀더멘털(재무 상황과 경영 상황 등의 데이터) 분석은 현재의 재무 상황과 실적을 주목하는 방법입니다. 이 전통적인 두 가지 방법과는 달리, 메타 트렌드 투자는 수많은 사람들의 라이프스타일이나 산업의 세력 구조를 단번에 바꿔 놓을 거대한 흐름을 한발 먼저 파악하는 방법입니다.

5년 후, 10년 후를 내다보며 거대한 시대의 흐름에 투자하는 것입니다. 그렇게 해서 10배, 100배로 성장할 기업의 주식을 아직 저렴할 때 매수할 수도 있습니다.

그리고 메타 트렌드에 늦게 올라탈 수는 있어도 완전히 놓쳐버리는 일은 드뭅니다. 메타 트렌드가 실제로 발생해 대다수의 사람들이 그 변화를 감지하게 됐을 때부터 투자를 시작해도 늦지 않습니다.

바꾸어 말하면 메타 트렌드가 정말로 발생할 것인지 어느 정도 가만히 지켜볼 수 있으므로 리스크를 억제할 수 있습니다. 메타 트렌드 투자는 테크니컬 분석과 펀더멘털 분석의 뒤를 잇는 제3의 투자 방법으로서 앞으로 점점 더 주목받을 것입니다.

주가 변동에 일희일비하지 않아도 된다

이런 사람들이 있을 것입니다. 아침에 일어나자마자 주가 차트를 확인합니다. 메신저나 SNS보다 보유 자산이 늘어났는지 줄어들었는지가 더 궁금합니다. 직장에서도 화장실에 갈 때마다 스마트폰의 주식 앱을 켭니다. 자산이 늘어나면 일이 잘 되고, 자산이 줄어들면 일할 맛이 나지 않습니다.

SNS에 '폭락'이나 '하한가'라는 불길한 키워드가 보이면 심장이 쿵쿵 뛰고 안절부절못합니다. 황급히 주식 앱을 열어 자신의 보유 자산이 영향을 받지 않은 것을 확인하고 나서야 한숨 돌립니다. 이처럼 투자를 일단 시작하긴 했는데 주가 변동과 보유 자산의 증감에 일희일비하게 되는 사람이 많을 것입니다.

독자 여러분도 아시겠지만 주가는 수많은 요인에 영향을 받습니다. 강대국의 경제 정책과 경제 지표, 인플레이션, 국제 정세 등 다양한 요인들이 주가에 커다란 영향을 미칩니다. 그러나 메타 트렌드 투자는 10년 단위로 진득하게 진행합니다. 그러므로 미국 금리 정책의 변경, 중앙은행의 이자율 상승 등 주가에 막대한 영향을 미치는 요인이라도 메타 트렌드 투자 앞에서는 그저 '노이즈'에 지나지 않습니다.

이 책에서는 메타 트렌드를 파악하기 위한 정보 수집 방법, 개별 기업을 선택하는 관점 그리고 저 자신이 실패에서 얻은 교훈을 바탕으로 구축한 백발백중 투자 원칙을 소개할 것입니다.

　이 책을 통해 당신이 메타 트렌드를 파악하고, 장기적인 관점에서 기업을 응원하며 자산 형성과 함께 사회의 큰 변화와 기업의 성장을 즐기는 새로운 투자 스타일을 습득한다면 그보다 더 기쁜 일은 없을 것입니다.

　당신이 '이거다!'라는 확신을 가진 기업이 세계를 놀라게 하는 혁신을 일으키고, '차세대 엔비디아', '제2의 테슬라'로 비약하는 미래를 진심으로 기대합니다.

차례

들어가며   007

1장
제3의 투자 방법, 메타 트렌드 투자란?

주가 변동의 예측은 너무 어렵다	026
펀더멘털 분석의 한계	029
프로 중의 프로도 단기 예측은 어렵다	032
메타 트렌드를 조기에 포착하자	034
실제 사례 1 'AI가 온다'라는 메타 트렌드	038
실제 사례 2 엔비디아의 메타 트렌드	042
실제 사례 3 스마트폰의 메타 트렌드	045
메타 트렌드 투자와 단기 투자는 잘 맞지 않는다	049
메타 트렌드 투자는 지각생에게도 관대하다	052
메타 트렌드 투자의 약점	055

2장
메타 트렌드 투자 실천의 기초

덜컥 올인은 금물 060
우선 내 일로 만들기 062
얕고 넓게 베팅한다 064
관찰 목록에 올리고 다음 계기를 기다려라 067
선발 주자로 이익을 추구하지 마라 071
단번에 추가 투자할 타이밍 075
메타 트렌드 투자는 여행이다 077
기회의 여신의 앞머리는 한 손으로 붙잡아라 080
대박을 노린다면 비상장주를 082
터무니없이 비전이 큰 상장 기업을 노려라 085
설레는 상대 찾는 법 088

3장
팬이 되고 싶은 기업에 투자하라

애초에 투자란 무엇일까? 092
주식 투자로 정치를 배워라 094
돈은 나 자신에 대한 성적표 097
내 첫 투자는 메타 트렌드와 응원이었다 100

그저 소비자이기만 해서는 재미없다	102
투자란 팬이 되는 것이다	105
아이폰 사용자라면 애플 주식을 보유하라	110
당신이 팬이 되고 싶은 기업은?	112
팬을 관두고 싶어지면 얼른 매도하라	115
주주이자 생산자가 되어 보상을 받아라	118
누구나 크리에이터인 시대, 궁극의 팬 투자	122
일반인은 가끔 프로 애널리스트를 능가한다	124
배움을 위한 투자	127
팬 활동으로 점과 점을 연결하라	131
경영자의 비전에 꽂혀라	134
경영자의 인성에 꽂혀라	136
내던졌던 주식을 회수하는 유연성도 필요하다	139
메타 트렌드와 팬 활동이 최강의 투자법	142
메타 트렌드 없는 팬 활동은 쉽지 않다	144
팬이 되는 투자의 단점	146

4장
투자 판단의 근거

숫자

적자 기업은 앞으로 몇 년 갈지를 봐라	152
흑자 기업은 PER과 성장성을 봐라	155

경쟁사는 철저히 분석할 필요 없다 159

수치가 아닌 실제 경험 데이터가 중요하다 162

CEO

카리스마란 무엇일까? 166

벤처 기업에 필수인 현실 왜곡 능력 170

적자 벤처야말로 현실 왜곡 능력이 필수 173

카리스마적 경영자는 종교 지도자와 같다 175

카리스마와 사기꾼은 종이 한 장 차이 179

카리스마의 빛과 그림자 183

좌뇌와 우뇌로 진짜 카리스마를 간파하라 187

CEO의 스피치 영상을 봐라 192

마지막 순간 빛을 발하는 건 CEO의 뚝심 195

창업자 모드인가 관리자 모드인가 198

이과인가 문과인가 201

미디어

투자의 단서는 팟캐스트에 널려 있다 205

AI 번역과 유튜브 자막으로 영어 장벽을 넘어라 210

《디 인포메이션》은 필독 213

논문은 너무 많이 읽지 마라 216

누구나 얻는 정보에서 10배, 100배 주식을 찾아내라 218

AI 어시스턴트 활용법 1 먼저 읽게 한 후 질문 공세 220

AI 어시스턴트 활용법 2 의논 상대로 삼는다 223

AI 어시스턴트 활용법 3 현장감 넘치는 설명 226

5장 승리를 위한 정석

매수 방법

자산 중 얼마를 투자할까?　　　　　　　　　　　　　230

리스크를 얼마나 감수할 것인가?　　　　　　　　　　232

한꺼번에 매수해선 안 된다　　　　　　　　　　　　　235

눌림목 매수의 힌트　　　　　　　　　　　　　　　　238

장기 보유

평정을 잃었던 나의 큰 실패　　　　　　　　　　　　241

버티기의 진수　　　　　　　　　　　　　　　　　　244

메타 트렌드와 팬 활동으로 마음 굳게 먹기　　　　　246

주가가 폭락하면 데이트나 해라　　　　　　　　　　248

장기 보유의 엄청난 위력　　　　　　　　　　　　　250

분산 투자

포트폴리오는 한쪽으로 쏠려도 된다　　　　　　　　252

헤아릴 수 없는 중국 리스크　　　　　　　　　　　　255

매도 시기

돈이 급할 때 필요한 만큼만 팔아라　　　　　　　　258

경영자 교체는 매매의 전환점　　　　　　　　　　　261

일단 해 본다는 정신이 승률을 높인다　　　　　　　264

6장
국내 주식, 투자 신탁, 금, 가상 화폐

리스크 대비를 위한 투자 범위 확대 … 270

분산 투자는 공격 전략이 될 수도 있다 … 272

가상 화폐는 언젠가 안전 자산이 될까? … 275

비트코인은 어디까지 오를 것인가? … 278

블록체인은 메타 트렌드가 될 수 없다 … 281

은행 예금이 초래하는 기회 손실 … 284

재미는 없지만 꾸준한 인덱스 펀드 … 286

투자 신탁 선택의 함정 … 290

액티브 펀드는 사지 마라 … 292

S&P500인가 전 세계 주식형인가 … 294

마치며 … 297

1장

제3의 투자 방법, 메타 트렌드 투자란?

주가 변동의 예측은
너무 어렵다

주식 투자의 세계에는 과거의 주가 데이터를 바탕으로 향후의 주가 변동을 예측하고자 하는 테크니컬 분석이라는 방법이 있다.

예를 들어 '골든크로스', '데드크로스' 등의 단어를 들어 본 적이 있는 독자가 많을 것이다. 이러한 테크니컬 분석에서는 일정 기간 동안의 주가 평균치를 꺾은선그래프로 나타낸 이동평균선을 활용한다. 그렇게 해서 시장이 상승 트렌드와 하락 트렌드 등 어느 쪽에 들어설지 판단한다. 테크니컬 분석을 실시하는 투자가들은 대체로 '이제 곧 상한가로 돌아설 거야', '여기서 반전될지도 몰라'라며 기도하는 심정으로 매일 차트를 노려본다.

테크니컬 분석은 예전부터 존재하던 정석이다. 그러나 나는 한

번도 사용한 적이 없다. 솔직히 시도해 보려는 마음조차 먹은 적이 없다. 테크니컬 분석에는 본질적인 한계와 모순이 있기 때문이다.

주가를 움직이는 것은 미래의 무수한 불확정 요소다. 혁신적인 기술의 등장, 기업의 새로운 경영 전략, 규제 완화, 강대국의 경제 정책, 나아가 복잡한 국제 정세와 사회 문제 등 끝이 없다. 그러나 테크니컬 분석은 과거의 주가 변동밖에 재료로 삼을 수 없다. 미래를 반영할 수도 없고, 새로운 트렌드의 조짐을 포착할 수도 없다.

나아가 만약 테크니컬 분석이 누구나 쓸 수 있는 확실한 공략법이라면 어떻게 될까? 이 세상에 그런 솔깃한 이야기를 그냥 내버려둘 투자자는 없다. 투자자들이 너도나도 그 방법을 흉내 낼 것이다. 그리고 주가는 그 투자자들의 행동을 반영하게 된다.

숨겨진 맛집에 대한 입소문이 SNS나 TV에서 퍼져 나가는 것에 비유할 수 있다. 정보가 알려지면서 사람들이 몰려들어 줄을 서는 가게가 되고 만다. 결국 숨겨진 곳이었기에 얻을 수 있던 가치는 눈 깜짝할 새 사라지고 만다. 마찬가지로 테크니컬 분석도 흉내 내는 투자자가 속출하면 눈 깜짝할 새 우위성이 사라지고 만다. 요컨대 테크니컬 분석이란 잘되면 잘될수록 효과가 없어지는 모순이 있다.

내가 보기에 테크니컬 분석은 거의 점술이나 마찬가지다. 투자의 세계에는 항상 불확실성이 존재하며 리스크와 리턴은 한 몸이다. 소중한 자산의 가치가 폭락할지도 모른다는 불안과 함께 절대 손해를 보기 싫은 마음은 나도 한 사람의 투자자로서 뼈저리게 이해한다.

그래도 과거의 숫자에만 의지해 확실한 신호를 찾아내고자 하는 행위는 다소 억지처럼 느껴진다. 이과적인 관점에서 보면 통계학을 가장한 점술에 매달리는 것이나 마찬가지다.

펀더멘털 분석의 한계

테크니컬 분석과 어깨를 나란히 하는 전통적 분석 방법으로 펀더멘털 분석이 있다. 재무제표와 실적 등 눈에 보이는 숫자와 데이터를 바탕으로 기업 가치를 판단하는 방법이다. 많은 전문가와 애널리스트가 이 분석을 기초로 삼아 적정 주가를 찾아내려 시도한다.

그러나 펀더멘털 분석을 통해 미래의 주가를 높은 정확도로 예측하는 일은 상상 이상으로 어렵다. 이 방법도 어디까지나 현재 알고 있는 숫자에 의존하므로 사회를 뒤바꿔놓을 혁신이나, 기업 또는 CEO의 비전을 평가하기 어렵다는 구조적인 약점이 있다.

한 예로 내가 테슬라에 본격적으로 투자하기 시작했을 때 테슬라는 아직 적자 경영 상태였으며 불안정한 재무 상황이 지속되고 있었다. 결국 2020년이 되어서야 적자에서 탈출했는데, 그전까지는 2003년 창업 이래 계속 적자였다.

테슬라의 CEO 일론 머스크는 호언장담을 좋아하는 사람으로 알려져 있다. 적자 경영 시절부터 꾸준히, 실적과는 대조적으로 대담한 비전을 이야기했다. 2014년에는 "2020년까지 전기차 50만 대 판매를 예상한다", 2017년에는 "모델 3의 생산을 일주일에 5천 대로 늘리겠다"라고 공언했다. 모두 당시 테슬라의 상황에서는 지나치게 장대한 비전이었다. 허풍을 치는 것이나 마찬가지인 상태였다.

당시 일론 머스크의 발언을 들은 애널리스트들은 하나같이 당혹해하며 고민에 빠졌다. 기존의 펀더멘털 분석의 틀에서는 그 지나치게 대담한 비전을 구체적인 숫자나 예측에 담아낼 방법이 없었기 때문이다. 결국 일론 머스크가 구상한 엄청난 미래는 탁상공론으로 간주되어 분석 대상에서 밀려나고 외면당했다.

그러나 그 후 테슬라의 주가는 우리 모두가 아는 대로 급등했다. 펀더멘털 분석으로는 테슬라와 같은 기업의 장래성을 올바르게 평가할 수 없었던 것이다.

가령 일론 머스크가 "전기차가 폭발적으로 보급될 것이다" 또는 엔비디아의 CEO 젠슨 황이 "AI용 GPU 수요가 급증할 것이다"라고 커다란 비전을 이야기한다 해도 애널리스트들은 '그러면 그 경우의 매출을 어떻게 예측해야 하지?'라며 멈춰 설 수밖에 없다.

숫자 모델에 집어넣을 수 없는 요소는 펀더멘털 분석 과정에서 배제된다. 그 결과 비전과 장래성이 주가에 반영되기 어려워진다.

한편 나를 포함한 일부 투자자는 실제로 테슬라의 차를 구입하고, 그 압도적인 사용자 경험을 통해 '이 차는 정말로 세계를 바꿀지 몰라', '일론 머스크라면 자동차 업계의 세력 구도를 뒤집을 수 있어'라고 피부로 느꼈다. 숫자로는 측정할 수 없는 장래성, 기업의 대박 가능성 그리고 '이 사람이라면 자기 말을 정말 실현할 수도 있겠다'라는 확신 섞인 기대를 느꼈다.

그러나 당시 프로 애널리스트들은 아직 테슬라의 폭발적인 잠재력을 알아차리지 못했고, 주가에도 이 잠재력이 충분히 반영되지 않았다. 그 덕분에 나는 저렴한 가격에 테슬라 주식을 매수할 수 있었다. 그 후 테슬라의 실적 및 브랜드 가치의 상승에 가속도가 붙어 주가가 급등했다. 나는 딱 급등 타이밍에 보유했기 때문에 그 이득을 온전히 누릴 수 있었다.

펀더멘털 분석은 어디까지나 현시점에서 얻을 수 있는 숫자를 바탕으로 기업 가치를 판단하는 방법이다. 현재 상태를 정확히 읽어내는 데는 도움이 되지만 앞으로 미래를 개척할 혁신, 아직 상상조차 할 수 없는 커다란 비전 그리고 사회를 근본적으로 뒤바꿀 메타 트렌드를 여명기에 발견하는 데에는 적합하지 않다.

특히 '차세대 엔비디아'나 '제2의 테슬라', 즉 앞으로 대박이 날 종목을 찾아내는 데는 펀더멘털 분석으로는 부족하다.

프로 중의 프로도
단기 예측은 어렵다

이제까지 테크니컬 분석과 펀더멘털 분석에 대해 이야기했다. 이번에는 '프로의 한계'로 눈을 돌려 보자.

주가 분석의 프로인 애널리스트들은 경제 지표, 기업 결산 내용, 업계 동향 등 생각할 수 있는 모든 데이터를 빈틈없이 확인한다. 방대한 정보를 비싼 툴로 분석하고, 24시간 시장을 감시하는 전문 팀을 두는 경우도 드물지 않다. 데이터를 얼마나 수집하고 얼마나 깊이 분석하느냐 하는 점에서 프로는 개인 투자자의 몇 배, 몇십 배의 노력과 지식을 투입한다.

액티브 펀드라고 불리는 투자 신탁은 그런 전문가 팀이 총력을 기울여 운영한다. 액티브 펀드의 목적은 국내 평균 주가나 S&P500

등의 시장 평균 지표보다 높은 수익을 얻는 것이다. 개별 종목의 선정과 매매 타이밍 조정을 적극적으로 실시하며 시장 평균을 웃도는 수익률을 위해 불철주야 노력한다.

하지만 현실은 무정하리만큼 차갑다. 장기적으로 보면 대다수의 액티브 펀드가 시장 평균과 연동되는 인덱스 펀드보다 뒤처진다는 불편한 진실이 존재한다. 그렇기에 투자 업계 일각에서는 "비싼 수수료를 내고 액티브 펀드에 투자할 바에야 그냥 저렴한 인덱스 펀드에 투자하는 것이 낫다"라는 목소리마저 꾸준히 나온다.

요약하면 자금과 정보가 모두 윤택한 프로 집단마저도 시장 평균을 계속해서 안정적으로 뛰어넘는 수익을 올리기는 매우 어려운 것이다. 이 점을 고려하면 시간, 자산, 정보가 한정되어 있는 개인 투자자가 단기적인 주가 변동을 계속해서 정확히 예측하려 노력하는 일에 얼마나 의미가 있을까?

프로 중의 프로들이 모여서 덤벼도 단기 예측은 어렵다. 그 영역에서 개인 투자자가 계속 승리하기는 거의 불가능하다고 할 수 있다. 이런 상황을 생각하면 단기적인 주가 변동을 쫓아가기보다 더 거대한 시대의 흐름, 즉 메타 트렌드를 주목할 필요가 있다는 사실이 이해될 것이다.

메타 트렌드를
조기에 포착하자

테크니컬 분석과 펀더멘털 분석을 실시해도, 나아가 전 세계의 일류 애널리스트와 투자 펀드가 총력을 기울여도 단기적인 주가 변동을 계속해서 정확하게 예측하기는 사실상 불가능하다.

나는 우선 단기적인 주가는 아무도 예측할 수 없다는 사실을 받아들이는 것이 메타 트렌드 투자의 중요한 출발점이라고 생각한다. 여기서 말하는 단기는 며칠에서 몇 개월 정도의 기간이다. 그렇다면 조금 더 긴 기간 동안 세상의 변화와 움직임을 바라보는 매크로(거시적) 트렌드는 좀 더 예측하기 쉬울까?

매크로 트렌드란 세계 경제 전체나 특정한 지역의 경제에 널리 영향을 미치는 커다란 조류를 뜻한다. 호경기와 불경기가 번갈아 찾아오는 경기 순환, 물가 상승률의 변화, 중앙은행의 이자율 인상과 인하, 환율 변동, 나아가 전쟁과 지정학적 리스크의 상승 등을 예로 들 수 있다. 이것들은 개별 기업의 실적 등 마이크로(미시적) 트렌드와 대척점에 있는 존재다.

그러나 매크로 트렌드를 가지고도 앞날을 정확히 읽어내기는 매우 어렵다. 한 예로 세계 경제에 커다란 영향을 미치는 미국의 금융 정책은 수많은 시장 관계자들이 주목하며, 비교적 예측하기 쉽다고 여겨지는 요인이다. 그러나 실제로는 정책 변경의 타이밍과 영향의 정도에 대해 전문가들 사이에서도 의견이 엇갈리기 때문에 오판이 자주 발생한다. 2022년 미국의 급격한 이자율 인상이 그 전형적인 예다. 이 이자율 인상은 대다수 시장 참여자들의 예측을 배신하며 세계적인 주가 하락과 달러 가치의 급격한 상승을 불렀다.

너무나도 많은 요인이 복잡하게 얽혀 있기 때문에 그 결과가 시장 심리, 주가, 환율, 경제 활동에 어떻게 반영될지 완벽하게 예측할 수 있는 사람은 없다. 지난 20년을 돌아봐도 2008년의 리먼 브라더스 사태와 2020년의 코로나19 쇼크가 세계를 뒤흔들었는데, 그 발생 시기와 규모를 정확히 맞춘 애널리스트는 없었다.

대지진 자체가 언젠가 반드시 일어난다는 사실은 알아도 발생 시기나 진원을 딱 집어 예측할 수는 없는 것과 비슷하다. 언젠가 금융 위기와 세계적 불황이 다시 일어날 것임은 틀림없지만 그것이 언제, 어디서, 얼마나 심각한 정도로 일어날 것이며 회복에 시간이 얼마나 걸릴지 확실하게 예측하기는 불가능하다.

그리고 최근에는 전문가들조차 예측하기 어려운 매크로 트렌드가 끊임없이 발생하고 있다. 예를 들어 2016년 미국 대통령 선거에서는 수많은 여론조사와 전문가 예측을 뒤엎고 도널드 트럼프가 승리했다. 트럼프는 2024년 대통령 선거에서도 다시 승리해 재기했다.

게다가 유엔 안전보장이사회 상임이사국인 러시아가 우크라이나를 침공한 일도 세계에 커다란 충격을 줬다. 중동 정세는 강대국 간의 대립과 지역 분쟁이 겹쳐 한층 더 복잡해지면서 진흙탕 싸움의 양상이 되고 있다.

다시 말해 덜 단기적인 관점에서 바라보는 매크로 트렌드의 경우에도 정확한 예측은 본질적으로 불가능하다. 예측을 통한 투자 전략은 단기적으로나 중기적으로나 한계가 있다. 여기서 주목할 것이 메타 트렌드라는 새로운 관점이다.

메타 트렌드란 매크로 트렌드보다 더 장기적인 조류다. 10년, 20년 또는 그 이상의 시간에 걸쳐 사회, 경제, 기술 기반 자체를 바꿔 놓는 거대한 시대의 흐름을 가리킨다. 메타 트렌드는 '사회 전체가 어느 방향으로 갈 것인가'를 대국적으로 포착하기 위한 개념이다. 이 메타 트렌드를 가능한 한 이른 단계에서 파악해, 시대의 커다란 흐름에 올라타서 성장할 업계나 기업에 투자한다. 이 장기적이면서 대국적인 관점을 활용하는 투자 방법이 바로 내가 제안하는 메타 트렌드 투자다.

단기적인 주가 예측과 거시적인 경제 예측 모두 의지할 수 없고, 전보다 더 앞날을 예측하기 어려워지고 있는 시대인 만큼 장기적인 관점의 메타 트렌드는 투자의 강력한 무기가 될 것이다.

실제 사례 1

'AI가 온다'라는 메타 트렌드

메타 트렌드에 대해 대략적인 설명을 마쳤으니, 이제 실제 트렌드의 탄생 사례 중 하나로 AI 열풍의 흐름을 살펴보겠다.

2022년 12월 생성형 AI인 ChatGPT가 발표되면서 사상 최대의 AI 열풍이 시작되었다. 그리고 ChatGPT 등의 생성형 AI에는 반도체 제조사 엔비디아의 GPU가 반드시 필요하기 때문에 엔비디아는 순식간에 각광을 받는 존재가 되었다.

2023년 초부터 AI 열풍으로 인해 엔비디아의 주가와 인지도는 모두 대폭 상승했다. 지금은 시가 총액이 3조 6천억 달러를 돌파했고 세계의 시가 총액 순위에서는 애플을 제치고 1위로 올랐다(모두 2024년 11월 7일 기준). 엔비디아는 이제 마이크로소프트, 아마존, 테슬라, 메타 등 쟁쟁한 거대 기업들을 따라잡는 규모로 성장했다.

엔비디아의 이러한 약진을 보며 '만약 10년 전 엔비디아 주식에 투자했으면 지금쯤 대박이 났을 텐데'라고 생각하는 사람도 있을 것이다. 그러나 어디까지나 만약의 이야기일 뿐이다. 실제로 당시부터 엔비디아나 AI라는 메타 트렌드를 정확히 예측한 사람은 거의 없을 것이다.

다만 13년 전인 2012년경, AI 연구의 최전선에 있던 사람들 사이에서는 'AI는 앞으로 확실히 성장한다'라는 인식이 점점 당연해지고 있었다. 2012년경 AI 업계에서는 대체 어떤 일이 일어나고 있던 것일까?

그전까지 수십 년 동안 인공 신경망이라는 기계 학습 방법은 쓸모가 없다고 여겨졌다. 이론상으로 아무리 대단하더라도 계산 리소스, 데이터, 알고리즘이 미숙했던 탓에 실제 사회에서 유용한 수준에는 다다르지 못한 것이다. 그런데 그 상식을 단번에 뒤집은 사건이 일어났다. 바로 토론토대학교 연구팀이 개발한 알렉스넷 AlexNet이라는 AI 모델의 등장이다.

알렉스넷은 그저 대량의 이미지를 보여주기만 하면 자동으로 특징을 학습해서 정확도 높은 이미지 분류를 할 수 있다. 그전까지는 사람이 '개의 귀, 코'와 같은 식으로 이미지의 특징을 사전에 상세히 정의해야만 했기 때문에 이것은 커다란 진전이었다. 그리고 알렉스넷은 이미지 인식 분류 분야에서 세계적으로 유명한 대회인

ILSVRC에서 다른 모델들이 도저히 따라갈 수 없을 만큼 압도적인 성능을 보여줬다.

이 사건은 AI의 역사적인 전환점이 됐다. 알렉스넷의 성공으로 인해 인공 신경망이 이론만이 아니라 실제로도 효과적임이 증명되었기 때문이다. 그리고 '드디어 AI가 정말로 사용 가능한 도구가 됐다', '앞으로는 AI를 비즈니스와 산업에 본격적으로 응용할 수 있는 시대가 온다'라는 확신이 전 세계의 AI 연구자들 사이에 곧바로 퍼져 나갔다.

이 알렉스넷의 역사적 쾌거를 뒷받침한 것이 엔비디아의 반도체였다. 인공 신경망을 제대로 작동시키기 위해서는 방대한 계산 자원이 필요하다. 전에는 인텔의 CPU를 사용해서 인간이 코드를 한 줄 한 줄 입력하는 방식이었는데 아무래도 비효율적이었다. 이 방법으로는 방대한 처리를 단시간에 해내기 어려웠다.

그때 주목받은 것이 원래 게임 그래픽 처리용이던 엔비디아의 GPU다. GPU에는 이미지 처리를 비롯한 대량 연산 처리를 병렬로 해내는 능력이 있다. 이 능력이 딥러닝에 매우 적합했던 것이다. 알렉스넷은 GPU를 활용함으로써 기존에 불가능했던 정확도 향상을 달성했다.

여기까지 읽다 보면 '그런 전문적인 이야기를 우리 같은 일반인이 어떻게 알아?'라고 생각할지도 모른다. 맞는 말이다. 애초에 ILSVRC라는 대회 자체가 연구자와 기술자 등 한정된 사람들 사이에서만 거론되는 마니악한 존재다. 일반 투자자가 들어 볼 기회는 거의 없었다.

사실 나도 2012년 당시에는 AI의 성장이라는 메타 트렌드를 아직 알아차리지 못했다. AI 분야에 관심이 많았던 나조차 당시에는 AI의 장래성이나 엔비디아의 잠재적 가치를 지금만큼 명확히 이해하지 못했던 것이다.

물론 당시에 엔비디아 주식을 사지도 못했다. 결국 내가 엔비디아 주식을 처음 매수한 것은 2014년경, 알렉스넷이 역사적 쾌거를 이루고 나서 약 2년 후의 일이다.

실제 사례 2

엔비디아의 메타 트렌드

앞에서 소개한 알렉스넷의 탄생이 AI의 역사를 새로 쓴 사건은 일반인들과는 멀리 떨어진 곳에서 일어난 이야기였다. 테크놀로지에 관심이 많은 나조차 당시에는 포착하지 못하고 지나쳐 버렸을 정도다.

그리고 당시에는 AI 열풍의 주역은 엔비디아라는 도식도 아직 명확하지 않았다. GPU 제조사 중에는 엔비디아뿐만 아니라 인텔과 AMD도 있었기 때문이다. 게다가 AI 자체가 아직 발전 중이었기 때문에 엔비디아가 홀로 승자가 될 것인지, 아니면 다른 제조사가 엔비디아를 밀어낼 것인지 아직 불투명했다.

내가 '알렉스넷이 AI의 역사를 바꿨다. 그리고 그 압도적인 성능은 엔비디아의 GPU 없이는 불가능했다'라는 정보를 접한 것은 2013년에서 2014년경이었다.

그즈음에는 AI 업계를 넘어 테크 업계 전체에서도 '아무래도 AI가 확실히 성장할 것 같다'라는 소문이 퍼져 있었다. 내가 AI의 역사를 새로 쓴 알렉스넷에 엔비디아 반도체가 사용된다는 사실을 알고 '만약 AI 시대가 정말로 온다면 엔비디아가 크게 성장할지도 모른다'라고 직감적으로 느끼기 시작한 것도 그때다. 나는 이 타이밍에 엔비디아 주식을 사들였다.

그 후 엔비디아는 2016년경부터 AI를 뒷받침하는 플랫폼 기업으로서의 입지를 새롭게 다졌다. 2017년에는 구글이 트랜스포머라는 모델을 개발해, 이후의 ChatGPT 등 생성형 AI를 위한 기술의 초석을 마련했다. 이로써 AI가 생활의 일부가 될 날이 머지않았다는 분위기는 더욱 강해졌다.

2018년에는 엔비디아가 HGX-2라는 제품을 발표하면서 이 업계에 강력한 다용도 컴퓨팅 플랫폼을 제공하겠다고 천명했다. 엔비디아가 AI 시대에 더욱 진심으로 임하기 시작한 순간이다. 나는 이 발표를 보고 엔비디아에 더 큰 확신을 가지게 되어 주식 보유량을 늘렸다. 2018년은 엔비디아가 AI로 성장할 것이라는 정보가 전 세계에 알려지고, 이미 업계 외부의 사람들도 'AI 시대가 온다!'라는 메타 트렌드를 피부로 느끼기 시작했다.

나의 엔비디아 투자 수익률을 보고 엄청난 선견지명이라며 놀라는 사람들도 있지만, 내게 특별한 예지 능력이 있던 것은 아니다. 10년 전부터 'AI 시대가 온다! 그 주역은 엔비디아다!'라고 완벽하게 맞추는 일은 거의 불가능했을 것이다.

그러나 6~7년 전부터는 '앞으로 AI가 확실하게 성장한다'라는 메타 트렌드를 파악하기 어렵지 않았다. 그리고 내가 엔비디아에 투자하기로 결정하고 그 후 보유량을 늘린 것은, 업계 동향과 CEO의 발언이라는 '공개되어 있지만 많은 사람들이 간과하기 쉬운 정보'를 꼼꼼히 수집한 결과일 뿐이다.

메타 트렌트 투자는 이러한 접근법을 반복함으로써 '어느 날 문득 보니 메타 트렌드에 올라타 있었다'라는 상황을 만들어낸다. 눈앞의 뉴스나 단기적인 주가 변동이 아니라 시대의 흐름이 조금씩 바뀌어 나가는 커다란 트렌드를 주목했기에, 나의 엔비디아 투자는 잘 들어맞았다.

실제 사례 3

스마트폰의 메타 트렌드

앞에서 AI와 GPU라는 다소 마니악한 예를 들었으니, 여기서는 우리의 일상과 깊이 관련된 메타 트렌드의 예를 들어 보겠다. 바로 스마트폰의 보급이다.

2007년 1월 최초의 아이폰이 발표된 날, 나는 샌프란시스코에서 스티브 잡스의 프레젠테이션을 실제로 보고 '애플이 상상을 초월하는 기기를 만들었다!'라며 흥분했다. 그리고 아이폰이 세상을 바꿀 것이라고 확신했다.

당시는 아직 메타 트렌드라는 말을 쓰지 않았지만 '이건 거스를 수 없는 거대한 흐름이다', '이 파도에 올라타지 않을 방법은 없다'라고 생각하며 아이폰이 앞으로 비즈니스 모델과 일상생활을 근본적으로 변화시킬 가능성을 느꼈다.

　그러나 피처폰 문화에 익숙했던 당시 일본인들에게 아이폰 등장의 영향은 크지 않았을지 모른다. '특수 문자를 쓰기 어려워', '화면을 터치해서 조작하다니 불편할 것 같아' 등 오히려 아이폰을 기묘한 존재로 느꼈던 사람이 적지 않았을 것이다.

　그래도 나는 그때 이미 아이폰이 세상을 바꿀 것이라고 직감했다. 이것은 특별한 선견지명이 아니다. 업계의 조류를 알고 있으면 지극히 자연스럽게 느낄 수 있었던 부분이다.

　그 배경에는 미국과 일본의 문화적 차이가 있었다. 당시 일본에서는 NTT 도코모의 'i-모드' 등 휴대전화를 통한 인터넷 사용이 당연했다. 일본인들은 그저 자연스럽게 사용했을지 모르지만, NTT 도코모의 i-모드가 휴대전화로 인터넷에 접속하는 일을 처음 가능하게 만든 것은 엄청난 위업이다. 모바일 인터넷 혁명이라고 불러도 좋을 것이다. 한편 당시 미국은 아직 그 단계에 다다르지 못했다. 나는 미국과 일본을 오가면서 그 차이를 체감했다.

　그때 등장한 아이폰으로 인해 나는 '일본에서 일어나고 있는 모바일 인터넷 혁명이 미국에도 찾아올 것이다'라고 확신하게 됐다. 아이폰이 폭발적으로 보급되면 휴대전화로 인터넷을 사용하는 것이 당연한 라이프스타일이 전 세계에 확산되리라고 생각한 것이다.

　게다가 아이폰은 피처폰과는 비교할 수 없이 뛰어난 사용자 경험과 완성도를 자랑했다. 피처폰으로는 상대가 되지 않을 것이고, 스마트폰 시대가 본격적으로 도래할 것이라는 충격을 느꼈을 정도다.

비록 아이팟 시리즈가 히트를 쳤다고는 해도 당시 애플은 일부 크리에이터와 마니아 대상의 특수한 컴퓨터 회사였다. 내가 아이폰을 보고 느낀 흥분이나 확신과는 반대로, 아이폰 발표 시점에서 애플의 주가는 눈에 띄는 변화 없이 3달러 선을 오르내릴 뿐이었다. 아이폰의 커다란 영향력이 아직 주가에는 반영되지 않았다고 판단한 나는 곧바로 애플 주식을 매수했다.

그 후는 모두가 아는 대로 아이폰이 메타 트렌드를 이끌며 사람들의 생활과 비즈니스를 극적으로 바꾸어 나가게 된다. 한때 피처폰을 애용하며 초기 아이폰을 회의적으로 바라보았던 사람들도, 이제 스마트폰이 업무와 생활에 반드시 필요한 존재가 됐다. 현재 애플 주가는 245달러를 기록하고 있으며(2025년 1월 7일 기준) 시가 총액도 당시와 비교할 수 없을 만큼 높아졌다.

엔비디아와 AI 메타 트렌드의 사례는 처음에는 매우 한정된 전문가 커뮤니티에서만 화제가 된 마니악한 정보였다. 그러나 아이폰 신제품 발표회는 일반 사용자들도 확인할 수 있었고, 매장에 가면 실제로 아이폰을 살 수 있었다. 메타 트렌드는 전문가만의 특권이 아니라 의외로 가까이에도 굴러다니고 있다.

이런 거대한 흐름이 찾아왔을 때 어떤 기업이 성장할지, 어떤 업계가 뜰지 눈치채는 것이 메타 트렌드 투자의 열쇠다. 아이폰으로 대표되는 스마트폰 메타 트렌드가 상징하듯, 우리 가까이에 있는 제품이나 서비스의 모습이 크게 달라지는 순간을 놓치지 않는 것이 향후 대규모 수익으로 이어진다.

메타 트렌드 투자와 단기 투자는 잘 맞지 않는다

메타 트렌드는 10년 또는 20년이라는 긴 시간 동안 산업 구조나 사람들의 라이프스타일을 천천히 바꿔나가는 거대한 흐름이다.

아이폰이 처음 등장한 것은 2007년이었다. 그 후 아이폰을 비롯한 스마트폰이 우리의 일상에 녹아들어 누구나 당연하게 사용하는 물건이 되기까지는 10년 이상의 세월이 걸렸다. 이 사실로 미루어 봐도 피처폰에서 스마트폰으로의 이행과 같이 라이프스타일을 통째로 바꿔놓는 메타 트렌드에는 10년 단위의 시간이 필요하다.

그래도 스마트폰의 보급은 빠른 축에 속한다. 휴대전화는 3년 정도마다 교체하는 사람이 많아서 다른 내구재보다 교체 주기가 짧기 때문이다. 전기차나 자율 주행차 등의 메타 트렌드는 그보다 더 긴 시간이 걸릴 것이다. '전기차 시대', '전기차 전환'이라는 말이 여기저기서 나온 지 오래됐지만 가솔린차와 하이브리드차에 주력하는 토요타는 지금도 세계 최고 수준의 매출을 유지하고 있다.

전기차 제조사인 테슬라와 BYD가 실적과 주가를 높여 나가는 가운데 토요타는 어떻게 여전히 강자일 수 있을까? 그 이유 중 하나는 사람들이 자동차를 새로 구매하는 주기가 대개 5~10년으로 길어서, 전기차와 자율 주행차가 뿌리내리는 데 스마트폰보다 더 긴 시간이 필요하기 때문이다.

이러한 특징으로 미루어 볼 때 메타 트렌드 투자에는 10년 단위로 기다리는 장기적인 자세가 필요하다. 1년 이내에 수익을 올린다는 단기적인 관점으로 눈앞의 이익을 좇는 투자 스타일과는 잘 맞지 않는다.

예를 들어 공매도라는 투자 방법이 있다. 주가 하락에 돈을 거는 것이다. 우선 증권사에서 주식을 빌려 매각하고, 주가가 내려간 후 다시 주식을 사들인다. 처음에 비싸게 팔고 나중에 싸게 다시 사들인 차액이 수익이 된다.

만약 '미래는 전기차가 지배한다'라는 메타 트렌드에 올라타기 위해 '전기차 개발에 열성적으로 임하지 않는 토요타는 이제 끝장이다'라는 자세로 단기 공매도를 걸면 어떻게 될까? 현시점에서는 가솔린차와 하이브리드차도 아직 수요가 충분하고, 앞으로도 여러 해 동안 그 수요가 지속될 것이다. 그러므로 토요타의 주가는 곧

바로 내려가지 않을 것이고 공매도는 손해가 될 가능성이 높다.

　장기적인 관점에서 보면 테슬라 등의 전기차 제조사가 세력을 확장해, 언젠가 토요타를 세계 최고의 자리에서 끌어내릴 미래가 올지도 모른다. 그러나 그것은 10년, 20년 후의 이야기다. 단기간 후에 실현될 것이라고 기대하며 행동에 옮기기에는 리스크가 너무 크다. 메타 트렌드를 이해한다 해도 단기적인 이익을 좇는 전략은 위험한 것이다.

　테슬라는 세계 최고의 전기차 제조사이며 현시점에서 전기차 분야의 대표 선수라고 할 수 있다. 장기적으로는 주가가 많이 상승했지만 지난 3년 정도는 주가가 크게 오르내리고 있다.

　그대로 계속 보유하면 메타 트렌드에 올라타서 주가가 올라갈 가능성이 높고, 금세 팔아 버리면 비싸게 샀다가 싸게 팔아서 손실을 볼 수도 있다. 역시 메타 트렌드 투자에서 단기적으로 판단하면 역효과가 날 가능성이 높다.

　요컨대 메타 트렌드 투자와 단기 투자는 물과 기름 같은 관계다. 메타 트렌드는 장기적인 관점에서 실시할 때 비로소 진가를 발휘한다. 단기간 동안 확실한 이익을 추구하는 사고방식과는 근본적으로 맞지 않는다.

메타 트렌드 투자는
지각생에게도 관대하다

　메타 트렌드 투자에는 커다란 장점이 있다. 출발이 조금 늦더라도 괜찮다는 것이다. 하나의 메타 트렌드가 널리 인지되어 대다수의 사람들이 이런 흐름이 온다고 생각하기 시작한 단계에서 투자를 시작해도 결코 때를 놓칠 일이 없다.

　엔비디아를 예로 들어 보자. 2012년경에 GPU가 AI 시대의 주역이 되고 엔비디아가 그 중심에 설 것이라고 확신하며 엔비디아에 자신 있게 투자하는 일은 AI 연구자라도 쉽지 않았을 것이다. 테크놀로지 업계에 항상 관심이 많은 나도 그 시점에서는 AI의 메타 트렌드를 파악하거나 엔비디아에 투자한다는 판단을 내리지 못했다.

　그러나 2018년이 되자 상황이 매우 달라졌다. 엔비디아의

CEO가 AI에 주력하겠다고 밝히고 주가가 서서히 상승하기 시작했다. 이전에 AI가 체스 세계 챔피언을 이긴 사건이 화제가 되기도 해서, 이즈음에는 AI가 본격적으로 능력을 가지기 시작했다는 분위기가 테크놀로지 업계 외부에도 감돌게 됐다. 테크놀로지 트렌드에 민감한 사람이라면 그때 엔비디아의 존재감과 잠재력을 감지할 수 있었을 것이다.

'2018년이라면 이미 늦었던 거 아닌가?'라고 생각하는 사람도 있을지 모른다. 하지만 그 시점에서도 엔비디아의 성장은 아직 초기 단계일 뿐이었다. 현재 엔비디아의 주가는 대략 130달러에서 150달러 사이를 오가는데, 2018년 말 주가는 겨우 3.34달러 정도였다. 'AI 시대가 온다!'라는 메타 트렌드를 피부로 느끼게 된 2018년부터 투자를 시작했다 해도 그 후에 상승의 여지가 충분히 남아 있었다.

나아가 2022년 말에는 ChatGPT가 등장하면서 누가 보기에도 AI 열풍이 뚜렷해졌다. 미디어도 일제히 AI 시대가 왔다고 보도하고, AI에 그다지 관심이 없던 사람들마저 그 충격을 느낄 수 있게 됐다.

이 단계까지 오면 역시 투자하기에는 늦었다고 생각할지 모르지만 실제로는 그렇지 않았다. 2022년 말 엔비디아의 주가는 약 14.61달러였다. 이 타이밍부터 투자를 시작했다 해도 그 후 주가가 10배 가까이 상승했을 것이다. ChatGPT가 세간과 미디어에서 화제가 된 단계, 얼핏 보기에 AI 열풍에 편승하기에는 늦은 듯 보이던 시점부터 투자를 시작해도 충분히 이득을 볼 수 있었다.

그 이유는 무엇일까? 메타 트렌드는 하룻밤 사이에 세상을 뒤집어 놓는 것이 아니라, 서서히 불이 붙고 기세가 오르다가 최종적으로 사회나 산업 구조를 근본부터 바꾸는 장기적인 현상이기 때문이다.

엔비디아의 경우 2012년, 2018년, 2022년 등 몇 번에 걸쳐 감지할 기회가 있었다. 2012년에 메타 트렌드를 감지하고 투자했다면 이상적이겠지만 그렇게 하기 어려웠다면 2018년 그리고 그보다 더 늦었다 해도 2022년부터 투자를 시작한다는 선택지가 있었다.

결국 메타 트렌드가 명확해지는 데에는 오랜 시간이 걸린다. 가능한 한 빨리 진입하면 물론 좋겠지만, 어느 정도는 트렌드가 뚜렷해지고 다수의 사람들이 이건 틀림없다고 느끼기 시작하고 나서 진입해도 성장의 여지가 아직 남아 있다. 천천히 시작해도 늦지 않다. 이것이 메타 트렌드 투자의 장점이다.

이런 점을 고려할 때, 리스크를 가능한 한 억제하고 싶다면 일반인들도 메타 트렌드를 체감할 수 있게 되어 이건 확실하다고 느끼게 되는 시기까지 기다렸다가 투자를 시작하는 것도 하나의 전략이다.

메타 트렌드 투자의 약점

메타 트렌드 투자의 약점을 굳이 찾는다면 개별 종목을 정확히 예측하기 어렵다는 점이다. 아무리 메타 트렌드라는 거대한 흐름을 포착했다 해도, 구체적으로 어느 기업이 실적을 성장시키고 주가를 높일 것인지 정확히 맞추기는 쉽지 않다.

한 예로 전기차는 앞으로 틀림없이 진행될 메타 트렌드 중 하나다. 가솔린차에서 전기차로 전환하는 움직임은 비록 속도는 느리지만 세계 각국의 환경 정책과 소비자 의식의 변화가 뒷받침되고 있다.

다만 전기차 메타 트렌드가 확실하게 찾아올 것이라는 사실을 알아도, 승자가 될 기업을 구체적으로 집어내는 것은 다른 문제다.

테슬라는 앞으로도 업계 최고의 지위를 유지할까? 아니면 리비안 Rivian이나 루시드Lucid 등 신흥 전기차 제조사가 부상할까? 또는 중국의 BYD가 테슬라를 제칠까? 어느 기업이 전기차라는 메타 트렌드의 주역이 될지, 2025년 현시점에서도 해답은 명확히 도출할 수 없다.

그래도 이 약점은 메타 트렌드 투자의 '업계 전체가 성장한다'라는 강점으로 어느 정도 보완할 수 있다. 메타 트렌드는 장기적인 흐름을 일으키기 때문에 특정한 기업 한 곳이 아니라 업계 전체를 성장시킨다. 그러므로 가령 최고의 대박 종목을 놓치고 말았다 해도, 같은 업계의 다른 종목에 투자하고 있다면 충분한 수익을 얻을 기회가 남아 있다.

가령 전기차라는 메타 트렌드를 일찍 포착하고, 테슬라가 아니라 BYD에 투자한 사람이 있다고 하자. BYD도 전기차라는 메타 트렌드로 인해 지난 5년간 주가가 약 46홍콩달러에서 약 300홍콩달러 선까지 6배 이상 급등했다. 테슬라 정도의 폭발적인 상승은 아니지만 겨우 5년 만에 자산을 6배 이상 늘린 것이다.

반도체 업계도 마찬가지다. 엔비디아 주식을 매수하지 못했다고 해도 같은 반도체 분야에서 GPU와 CPU를 제조하는 AMD에 투자했다면 약 5배 상승했을 것이다.

이처럼 업계 전체가 성장하므로 개별 종목을 고를 때 예측이 다소 어긋났다 해도 손실을 회피하기 쉬워진다. 그뿐 아니라 설령 주인공인 기업을 놓쳤다 해도 2위 기업 또는 그 외의 유망 기업을 골랐다면 충분히 큰 수익을 올릴 수 있다. 이것이 바로 메타 트렌드 투자의 자랑이며 다른 투자 방법에는 없는 안정감과 여유다.

그렇다고는 해도 메타 트렌드 투자를 하면 절대 손해를 보지 않는다는 안이한 이야기는 아니다. 기업에 대한 최소한의 감별은 반드시 필요하다. 'AI 시대가 찾아오고 GPU가 그 열쇠를 쥘 것이다'라는 메타 트렌드를 올바르게 읽어냈다 해도, 아무 반도체 기업에나 투자한다고 해서 큰 수익을 올릴 수 있는 것은 아니기 때문이다.

2014년 당시 반도체 업계의 거인이었던 인텔은 CPU 시장에서 압도적인 존재감을 과시했지만 AI용 GPU 시장에 본격적으로 진입하는 데는 늦었다. 결과론적인 이야기이기는 해도 만약 내가 엔비디아가 아니라 인텔에 투자해서 현재까지 보유했다면 주가가 하락해서 손해를 봤을 것이다.

이처럼 메타 트렌드 투자는 큰 그림을 읽어내기만 해서는 부족하고, 어느 기업이 메타 트렌드에 잘 올라타서 실적을 높일 것인지 살펴볼 필요가 있다. 다음 장부터는 개별 기업을 어떻게 선택할지, 무엇을 기준으로 분석하고 어떻게 판단할 것인지 더 본격적인 접근법을 소개하겠다.

2장

메타 트렌드 투자 실천의 기초

덜컥 올인은 금물

 이제부터는 내가 메타 트렌드 투자를 실천할 때 어떤 단계를 밟아 나가는지 조금 더 자세히 이야기하겠다.
 '10배, 100배 성장이 예상되는 기업을 찾아낸다면 단번에 큰돈을 투자할 거야'라고 생각하는 사람이 많을 것이다. 하지만 나는 처음부터 전력으로 투자하는 경우가 없다. 초기 단계에서는 우선 소액 투자로 침을 발라 두는 정도에 그친다.
 그때 자산의 몇 퍼센트 하는 식의 엄밀한 기준은 없다. 다만 최악의 경우 휴지 조각이 돼도 괜찮을 정도의 금액으로 주식을 매수한다. 정말로 침만 발라 두는 것이다.
 이미 주식 투자 공부를 시작해서 의욕이 충만한 사람이라면

'이렇게 적은 돈으로 뭘 한다고'라고 느낄지도 모른다. 그러나 메타 트렌드 투자는 10년, 20년이라는 장기적인 관점에서 앞으로 크게 성장할 가능성이 있는 기업에 투자하는 스타일이다.

초기 단계에서 급성장하는 기업도 물론 있지만, 적자 경영이거나 시장 점유율이 아주 작은 등 장래성이 불투명한 경우가 더 많다. 하이 리스크 하이 리턴의 특성이 있는 기업이 많기 때문에 허무하게 도산하고 말 가능성도 있다. 그런 회사에 덜컥 거금을 투자했다가 실패한다면 상상만 해도 오싹하다.

애초에 이 단계에서 안달할 필요는 전혀 없다. 앞으로 메타 트렌드라는 시대의 거대한 흐름에 올라타서 비약적으로 성장할 기업이라면 소액 투자부터 시작해도 대박이 날 기회가 충분히 있다. 그리고 사업이 조금씩 성장하기 시작해서 '역시 이 기업은 크게 되겠구나'라고 확신할 수 있게 된 시점에서 매수를 늘려도 늦지 않다.

메타 트렌드 투자는 장기적인 시야에서 커다란 성장을 노리는 방법인 만큼 급하게 올인할 필요가 없다. 반대로 처음에는 작게 투자하며 간을 보는 것이 좋다. 이 단계를 거치면 하이 리스크 하이 리턴의 세계에서도 여유를 가지는 동시에 하이 리턴을 노릴 수 있다.

우선
내 일로 만들기

메타 트렌드 투자를 시작하는 단계에서 중요한 것은 투자 금액의 많고 적음이 아니다. 그보다 얼마나 주인의식을 느끼느냐가 중요하다.

주식 투자는 돈을 불리는 수단인 동시에, 사회의 경제 활동에 참여하는 한 가지 방법이기도 하다. 설령 소액이라도 주식을 가지고 있으면 나도 이 회사와 관련된 사람이라고 느낄 수 있기 때문에 투자가 갑자기 재미있어진다. 실제로 비록 소액만 매수했다고 해도 나도 주주라는 사실만으로 그 기업의 소식과 활동을 내 일로 받아들일 수 있게 된다.

그전에는 '그런가 보다' 하고 흘려 넘겼던 뉴스가 '신제품이

나오나 본데, 실적이 향상될까?', 'CEO의 발언이 SNS에서 논란이 되고 있는데 매출이 떨어지지 않을까?' 하는 식으로 갑자기 나와 가깝게 느껴진다.

나아가 투자하는 기업뿐만 아니라 그 업계 전체와 경쟁사의 동향까지 신경 쓰게 될 것이다. 가령 자동차 제조 업체에 투자하면 전기차 보급의 진전과 자율 주행 기술에 대한 뉴스, 경쟁사의 신제품 발표 등을 모두 내 일처럼 주목하게 된다. 그렇게 해서 자연스럽게 정보의 안테나가 뻗어 나간다.

참고로 실제로 주식을 사지 않아도, 관심이 가는 기업의 이름과 주가를 메모해 두는 것만으로 주인의식이 어느 정도 높아진다. 물론 실제로 투자하는 경우에 비하면 약하다. 그래도 메모를 하고 의식하는 것만으로 안테나의 감도가 확실히 올라간다.

나도 아직 투자 결정을 내리지 못했거나 좀 더 지켜보고 싶은 경우, 기업의 이름과 주가를 메모해 둔다. 이처럼 우선 실제로 소액을 투자한 기업, '괜찮아 보이네'라고 생각한 기업의 이름과 주가 등을 메모해서 나만의 관찰 목록을 만들어 보자. 이 관찰 목록이 있으면 기업의 동향과 주가가 내 일이 되어 이후 투자 판단이 크게 수월해진다.

얕고 넓게 베팅한다

"차세대 엔비디아는 어딜까요?"
"제2의 테슬라가 될 것 같은 기업을 알려주세요."

이런 질문을 많이 받는다. 그러나 앞으로 급성장할 기업을 딱 집어 맞추는 일은 불가능하다. 그렇다면 나는 어떻게 엔비디아와 테슬라, 나아가 GAFAM(구글, 애플, 페이스북-현 메타, 아마존, 마이크로소프트)과 같은 기업들을 일찍 찾아내서 투자할 수 있었을까?

그 이면에는 '메타 트렌드에 올라탈 것 같은 기업을 여러 곳 파악해 둔다'라는 단순한 접근법이 있다. 가령 10곳에서 20곳의 기업에 조금씩 투자하고, 그중 하나라도 5년 후나 10년 후에 10배 이상 성장하면 결과적으로 차세대 엔비디아에 당첨된 것이다.

이 방식에는 몇 가지 중요한 핵심이 있다. 앞에서 말했듯 단번에 거금을 쏟아붓는 것이 아니라 우선 소액 투자로 침만 발라 둔다. 이렇게 하면 갑자기 그 기업의 동향이 내 일처럼 느껴져서 정보와 뉴스에 더 민감해진다.

그리고 관찰 목록에 올린 기업을 6개월에서 1년 정도 지켜본다. 한동안 기다려 보고, 생각만큼 실적이 상승하지 않거나 그 기업에 대해 확신을 가질 수 없다는 생각이 들면 미련 없이 매도한다. 반대로 이 회사라면 더 성장하겠다는 느낌이 오면 더 매수한다. 이 과정을 반복하면 최종적으로 확신을 주는 진짜배기만 남는다.

많이 시도하면 그중 몇 번은 성공한다는 발상인데, 나는 계속 이 방식으로 투자해 왔다. 그렇게 해서 10배와 100배로 불어난 주식에 당첨돼 봤고, 무엇보다 다소의 마이너스는 겪어 봤지만 큰 손해는 본 적이 없다.

결과적으로 지금 진짜배기로서 장기 보유하고 있는 기업은 7곳 정도에 불과하다. 치열한 서바이벌 경쟁을 거친 엘리트 종목이라고 할 수 있고, 이 7곳의 발밑에는 내가 과거에 내던진 수십 수백 개의 종목이 나뒹굴고 있다.

내 경우는 흥미와 관심의 폭이 남들보다 상당히 넓기 때문에 투자 후보도 그만큼 많다. 그러나 일반인이라면 10곳에서 20곳이면 충분할 것이다. 그중 하나가 대박이 나면 차세대 엔비디아를 붙잡은 것이나 마찬가지다.

메타 트렌드 투자는 단번에 거금을 털어 넣어 한 방에 승부를 보는 것이 아니라, 우선 작은 연결고리(관찰 목록에 추가하기)부터 만들어 신중하고 착실하게 시작하는 것이다. 그리고 기업과 업계를 내 일로 만들어 온갖 정보를 향해 안테나를 뻗는다. 그 후 성장에 대한 확신을 얻은 타이밍에 추가 매수하는 단계적인 방법이다.

관찰 목록에 올리고
다음 계기를 기다려라

관찰 목록을 작성(소액 투자했거나 관심이 가는 기업의 이름과 주가를 메모)한 후에는 다음 계기를 기다린다. 1장에서 언급한 엔비디아의 사례가 이해하기 쉬우므로 다시 한 번 엔비디아의 성장을 시간 순서대로 돌아보겠다.

2012년
- AI 모델 알렉스넷AlexNet이 ILSVRC 대회에서 압도적으로 우승했다.
- 순식간에 AI 연구자들 사이에서 'AI는 정말로 사용 가능한 도구가 됐다', '앞으로는 AI를 비즈니스와 산업에 본격적으로 응용할

수 있는 시대가 온다'라는 기대가 높아졌다.
- 다만 이 단계에서는 엔비디아가 AI 열풍의 주역이 될 것이라는 인식이 일반인들 사이에 없었던 것은 물론이고, AI 연구자들이나 내게도 없었다.

2014년

- '알렉스넷이 AI의 역사를 바꿨다. 그리고 그 압도적인 성능은 엔비디아의 GPU 없이는 불가능했다'라는 정보가 AI 업계 외부에도 퍼져 나가기 시작했다.
- 나는 그 정보를 듣고 '만약 AI 시대가 정말로 온다면 엔비디아가 크게 성장할지도 모른다'라고 직감하기 시작했다.
- 나는 직감을 따라 이 시기에 최악의 경우 휴지 조각이 돼도 괜찮은 정도의 소액을 투자하며 엔비디아를 관찰 목록에 올렸다.

2015년

- 엔비디아의 CEO 젠슨 황이 AI와 딥러닝에 주력하겠다는 자세를 명확히 했다.

2017년

- 구글이 트랜스포머라는 모델을 개발해, 현재의 ChatGPT 등으로 이어지는 생성형 AI 기술의 초석을 마련했다.

- AI 업계를 넘어 테크놀로지 업계 전체에서도 AI가 생활의 일부가 될 날이 머지않았다는 분위기가 더욱 강해졌다.

2018년
- 엔비디아가 '이 업계에 강력한 다용도 컴퓨팅 플랫폼을 제공하겠다'라고 천명하며 AI로 더욱 빠르게 옮겨 가기 시작했다.
- 나는 CEO가 진심으로 임하는 태도에 더욱 확신을 가지게 되어 얼른 주식 보유량을 늘렸다.

2012년 당시 나는 AI 업계의 역사적 쾌거(알렉스넷의 우승)와 엔비디아의 장래성을 몰랐기 때문에 침도 발라 두지 못했다.

그러나 2014년이 되자 AI 업계 언저리의 소문과 엔비디아의 잠재력에 대한 이야기를 듣게 되었고, 관심을 가져야 할 기업이라는 직감이 와서 최악의 경우 휴지 조각이 돼도 괜찮은 정도의 소액을 투자하며 관찰 목록에 올렸다. 관찰 목록에 올림으로써 엔비디아가 남의 일이 아닌 내 일이 되었고, 나는 자연스럽게 엔비디아의 동향과 뉴스를 더 많이 확인하게 되었다. 여기까지가 침 발라 두기, 관찰 목록에 올리기 단계다.

그리고 2018년, 이윽고 다음 계기가 찾아왔다. 엔비디아의 CEO가 AI 플랫폼에 주력하겠다는 자세를 더욱 명확히 했고, 나는 엔비디아가 정말로 AI 시대를 직시하고 있다고 확신하게 됐다. 그리고 그 순간 엔비디아 주식을 대량으로 추가 매수한다는 결단을 내렸다.

만약 이때 젠슨 황이 'VR용 헤드 마운트 디스플레이를 위한 반도체 제조에 전념하겠다' 등 내 생각과 크게 어긋난 방침을 밝혔다면 나는 엔비디아 주식을 모두 팔아 버렸을 것이다. 이처럼 메타 트렌드 투자에서는 다음 계기를 발견하고 적절한 행동을 취하는 것이 성공의 열쇠다.

이 계기의 대표적인 예는 엔비디아의 경우처럼 CEO가 향후의 성장을 위한 새로운 방침을 강력하게 밝히는 일이다. 그 외에도 결산 발표, 장기간 적자였던 기업의 흑자 전환, 정체되었던 매출의 급격한 상승 등도 계기가 될 수 있다. 그런 사건이 있을 때 그 주식을 이대로 계속 보유할지, 더 매수할지, 매각할지 판단한다.

관찰 목록은 메타 트렌드 투자에서 크게 도약할 것 같은 기업을 지켜보며 추가 매수나 매각을 판단하기 위한 도구다. 섣불리 거금을 투자하는 것이 아니라 작은 규모로 시작해서 내 일로 여기며 정보 수집을 점점 강화하다가, 계기가 찾아오면 단번에 움직인다. 그러기 위해서 관찰 목록을 활용하며 다음 계기를 확실하게 포착해야 한다.

선발 주자로
이익을 추구하지 마라

관찰 목록에 추가하고 다음 계기를 기다리기, 메타 트렌드 투자에서는 이 단계를 부지런히 반복하는 것이 기본이다.

나는 AR과 VR이 언젠가는 커다란 메타 트렌드가 될 것이라고 생각한다. 그러나 현시점에서는 아직 결정적인 징후가 보이지 않는다. 그리고 현재 이 분야에서 주요 주자는 애플과 메타라는 거대 IT 기업이다. 이미 시가 총액 규모가 크기 때문에 이 기업들의 주가가 앞으로 10배나 100배 성장할 것이라고는 보기 어려운 것도 사실이다.

또 AR과 VR의 영역에서 최종적으로 승리하는 기업이 애플이나 메타일 것이라고 단언할 수도 없다. 의외의 벤처 기업이 끼어들어 IT 업계의 거인들을 화려하게 앞지르는 시나리오도 충분히 가능하다. 이런 상황에서는 쉽게 '이 회사다!'라고 딱 집어낼 수 없기 때문에, 아직은 유망해 보이는 기업을 관찰 목록에 올리고 지켜보는 것이 최선이다.

내 관찰 목록에는 스냅Snap이 있다. 스냅은 일정 시간이 지나면 게시물이 지워지는 SNS 스냅챗Snapchat으로 일약 유명해진 기업이다. 스냅은 현재 AR 글래스에 주력하고 있다. 2021년에는 개발자용 모델 스펙터클스Spectacles도 발매하면서 AR 분야에 본격적으로 진입할 의사를 표명했다.

AR 분야에서는 애플과 메타라는 누구나 아는 거대 IT 기업들이 막대한 자금과 기술력을 투입해 치열한 개발 경쟁을 벌이고 있다. 얼핏 보기에는 스냅 같은 신흥 기업이 맞설 수 있는 상대가 아니라고 생각될지 모른다. 그러나 나는 굳이 그 만만치 않은 시장에 과감하게 도전해서 독자적인 위치를 구축하고자 하는 스냅의 자세를 크게 주목하고 가능성을 느꼈다. 그렇게 스냅은 내 안테나에 포착되어 관찰 목록에 올랐다.

다만 나는 스냅의 주식을 아직 사지 않았다. 스냅의 본업인 스냅챗은 인스타그램과 틱톡에 밀려났으며 부활의 조짐이 보이지 않는다. 또 스냅의 주가도 최고가였던 2021년 9월의 83달러에서 대폭 하락해 현재는 10달러대 전반에서 움직이고 있다. 게다가 적자 경영도 계속되고 있다.

나는 평소 스냅챗을 쓰지 않기 때문에 엔비디아나 테슬라 정도의 확신을 가지고 있지도 않다. 스냅은 2024년 9월 제5세대 스펙터클스를 발표했다. 해상도와 배터리 수명 등이 개선되었지만 아직 AR 업계의 게임 체인저가 되기에는 갈 길이 먼 스펙이다. 아직 '이 회사는 성장할 거다!'라는 느낌이 오지 않는다. 그래서 현시점에서는 투자하지 않고 메모만 하는 형태로 관찰 목록에 올린 채 동향을 지켜보고 있다.

앞으로 '스냅의 AR 글래스 판매량이 예상을 초과', '메타의 같은 제품보다 주목받다', '스냅의 AI 채팅이 인기!' 같은 뉴스가 나오면 그 시점에서 AR 글래스를 구입하고 투자를 검토할지도 모른다.

테크놀로지 업계라고 하면 대다수 사람들은 '급격히 변화하기 때문에 선발 주자로 이익을 얻기 위해서는 조금이라도 더 일찍 뛰어들어야만 타이밍을 맞출 수 있다'라는 이미지를 떠올린다. 그런 측면이 있는 것도 사실이다.

그러나 메타 트렌드 투자의 관점에서는 꼭 서두를 필요는 없으며, 오히려 침착한 태도로 길게 보는 것이 합리적이다. 왜냐하면 메타 트렌드는 10년, 20년, 경우에 따라서는 그 이상의 매우 긴 시간 동안 이어지는 조류이기 때문이다. 그러므로 단기적인 주가 변동에 일희일비할 것이 아니라 장기 보유를 전제로 진득하게 다음 계기를 기다리는 것이 높은 수익으로 이어질 때가 많다.

특히 AR과 VR이라는 분야는 기술의 성숙과 시장 보급에 아직 시간이 걸릴 것으로 보인다. 그렇기에 당장 뛰어들지 않아도 기회는 충분히 있을 것이다.

실패할 리스크를 무릅쓰고 단번에 거금을 투자하기보다, 우선 관찰 목록을 활용해 꼼꼼히 정보를 수집하고 나름대로 확신을 얻을 수 있는 시기가 찾아오기를 기다린다. 그리고 그 시기가 오면 만반의 준비를 했다가 본격적으로 투자한다. 이것이야말로 내가 생각하는 메타 트렌드 투자의 스타일이다.

단번에
추가 투자할 타이밍

관찰 목록을 활용해서 기업과 업계의 동향에 대해 안테나를 세우고, CEO의 발언이나 적자 탈출 등 다음 계기를 느긋하게 기다린다. 그리고 '이 기업은 슬슬 본격적으로 성장하겠군'이라는 확신이 나름대로 생기면 나는 단번에 투자액을 늘린다. 주식을 추가 매수하는 것이다.

그 예로 엔비디아 주식을 2014년에 소량 매수했다가, AI 분야에 대한 주력과 성장성을 확신하게 된 2018년에 대량으로 추가 매수했다고 앞에서 이야기했다.

또 넷플릭스의 경우는 아내가 넷플릭스 드라마에 푹 빠진 것을 계기로 2013년에 소액 투자했다. 그 후 한동안 지켜보고 있었는

데 2016년 넷플릭스가 온라인 스트리밍 서비스를 세계 130개국에서 새롭게 시작한다고 발표했다. 이 일을 계기로 나는 '넷플릭스는 미국의 한 기업에서 진정한 글로벌 엔터테인먼트 기업으로 비약할 것이다'라고 확신하며 대량 추가 매수에 나섰다.

이처럼 나름대로 '이 기업은 앞으로 틀림없이 성장할 것이다'라는 확신을 얻고 나면 단번에 투자액을 늘리는 것이 나의 필승 패턴이다. 그러나 확신이 생겼다고 해서 투자 자금을 올인하지는 않는다. 사실 이 단계에서도 수백만 엔 정도에 그치는 경우가 많다.

이렇게 이야기하면 꽤나 신중하고 심심한 방법이라고 생각할지도 모른다. 그러나 메타 트렌드 투자에서는 10년, 20년에 걸쳐 주가가 10배 또는 100배로 성장하는 기업이 적지 않다. 확신을 가진 단계에서 추가 투자하는 금액이 그렇게 크지 않더라도 최종적으로 높은 수익을 올리기 쉽다. 이것이야말로 견실하면서도 커다란 꿈을 그릴 수 있는 메타 트렌드 투자의 매력이라고 생각한다.

메타 트렌드 투자는
여행이다

메타 트렌드 투자는 항상 새로운 가능성을 탐색하는 끝없는 여행 같은 것이라고 본다.

AI라는 메타 트렌드 속에서는 현재 엔비디아가 압도적인 존재감을 과시하고 있다. 그러나 엔비디아가 영원히 독점적인 위치를 유지할 것이라는 보장은 없다. 특히 AI는 요소 기술인 만큼 자율 주행차, 로봇, CCTV 등 폭넓은 분야에서 응용된다. 그리고 AI와 밀접한 관련이 있으며 앞으로 확실하게 찾아올 메타 트렌드로 휴머노이드(인간형 로봇)가 있다.

AI가 주로 정신노동의 양상을 변화시킨다면 로봇은 주로 육체노동의 현장을 크게 바꿔놓을 것이다. 나는 멀지 않은 미래에 한 가

구당 휴머노이드가 한 대씩 있는 것이 당연한 시대가 와도 전혀 이상할 것이 없다고 생각한다.

앞으로 로봇 시장이 크게 성장하는 동안 엔비디아가 계속 반도체를 공급할까? 또는 차세대 엔비디아라고 할 수 있는 벤처 기업이 시장 점유율을 빼앗아 갈까? 현시점에서는 아직 아무도 모른다.

앞으로 CCTV에도 AI가 탑재될 것이다. 그때 엔비디아 같은 고성능 GPU를 CCTV에 내장한다면 오버스펙이 될 것이다. 그렇다면 스마트폰용 반도체에 강한 퀄컴 Qualcomm이 성장할지도 모른다(나는 이미 퀄컴을 관찰 목록에 올렸으며 주식도 보유하고 있다). 나는 이런 시나리오를 여러 개 상상하면서 '다음 주역이 될 기업은 어디인가', '새로운 기술과 서비스는 어떤 영향을 줄까'를 생각한다.

앞에서 왜 메타 트렌드 투자가 여행이라고 생각했느냐 하면 나는 엔비디아, 테슬라, 애플처럼 10배에서 100배씩 대박이 난 종목을 잡아도 만족하지 않기 때문이다. 그럭저럭 큰 수익을 얻고 나면 '이제 자산이 1억 엔을 넘었으니까 충분해', '이제 경제적 자립이 가능하니까 유유자적하게 살아야지'라고 생각하는 사람도 있을지 모른다. 그러나 나는 자산이 얼마가 되든, 더 흥미로운 기술이나 기업이 잠들어 있을지 모른다는 생각에 안테나를 거두지 않는다.

언제 끝날지 모르는 모험과도 같은 이 느낌이야말로 내게는 투자의 묘미 중 하나다. 메타 트렌드 투자는 10년, 20년이라는 장기적인 관점에서 세계의 기술 혁신과 산업 구조 변화를 실시간으로 체감하는 장이기도 하다. 그리고 그 속에서 차세대 엔비디아나 제2의 테슬라를 찾아냈을 때의 기쁨은 그야말로 모험 중 보물을 찾아냈을 때의 설렘과도 같다.

대박 종목을 잡았다고 해서 거기서 끝이 아니다. 다음 대상에 눈을 돌려, 다른 메타 트렌드에 올라타서 크게 성장할 기업을 탐색한다. 이 반복은 끝나지 않는 여행과도 같아서 투자를 항상 자극적이고 신선하게 만들어 준다.

기회의 여신의 앞머리는
한 손으로 붙잡아라

메타 트렌드 투자는 끝없는 여행과도 같으며, 나는 보유한 주식이 대박이 나도 거기서 만족하지 않고 차세대, 차차세대 엔비디아를 항상 찾아 나선다.

그렇다고는 해도 이미 크게 성장해 내 포트폴리오에서 큰 비중을 차지하고 있는 엔비디아 주식을 모두 매각하면서까지 차세대 엔비디아를 찾아다니는 짓은 하지 않는다. 엔비디아는 이미 굳세다고 할 수 있을 만큼 안정적인 종목이어서 지금 굳이 놓아줄 필요는 없기 때문이다.

AI라는 메타 트렌드를 견인하는 엔비디아를 확실하게 손에 쥔 채 한편으로는 '그 유명한 ChatGPT를 개발한 OpenAI가 상장하면 주가는 어떻게 움직일까?', 'AI 칩을 개발하는 신흥 벤처가 주목을 받는다면 어떻게 될까?' 하며 다음 가능성을 찾는다.

이처럼 엔비디아와 테슬라처럼 크게 성장한 종목을 포트폴리오의 토대로 유지하며, 거기에 만족하지 않고 다음 후보를 계속 물색한다. 중요한 것은 리스크를 최소한으로 억제하면서도 언제든지 기회의 여신의 앞머리를 붙잡을 수 있도록 준비하는 자세다. 바꾸어 말하면 한 손으로 안정을 붙잡은 채 다른 한 손으로 기회를 찾는 모습이다.

주가가 한껏 상승한 종목을 전부 팔아 버리는 것이 아니라, 그 토대를 유지하면서 새로운 대박 후보를 조금씩 매수한다. 그러면서 한편으로는 사회나 산업 구조의 변화가 명확해지면 포트폴리오 구성을 바꾸거나 추가 매수를 할 수 있는 유연성과 여유를 유지한다.

대박을 노린다면
비상장주를

메타 트렌드 투자의 최대 묘미는 아직 주목받지 못하는 기업을 찾아내서 10년, 20년이라는 오랫동안 주가가 10배, 100배로 솟구칠 가능성을 쫓아다니는 데에 있다.

이미 상장한 기업은 대부분 규모가 어느 정도 성장한 상태이므로, 앞으로 10배에서 100배씩 주가가 오르기에는 현실적인 장벽이 있다고 할 수 있다. 그런 의미에서 앞으로 대박이 날 커다란 잠재력이 숨어 있는 기업들은 아직 상장하지 않은 벤처 기업이다. 아직 성장 과정에 있기 때문에 사업이 궤도에 오르면 단숨에 매출과 이익이 급증하고 주가도 극적으로 상승할 것이다.

한 예로 AI용 반도체를 개발하는 그록Groq은 반도체의 제왕 엔비디아에 도전하고 있다. 완전히 새로운 AI 전용 칩을 개발해서 처리 속도를 대폭 향상하는 것이 목표다. 그러나 엔비디아는 고성능 GPU 분야를 사실상 독점하고 있으며 실적과 자금력 면에서 압도적인 지위를 구축한 상태다. 거기에 정면으로 도전해 봤자 이기기는 상당히 어려울 것이다.

게다가 현시점에서 그록은 벤처 캐피털 자금으로 운영되며 계속 적자를 내고 있는 전형적인 하이 리스크 하이 리턴 기업이기도 하다. 다만 그렇기에 앞으로 그록이 급성장해 엔비디아를 앞지르는 일이 일어나면 주가는 틀림없이 하늘을 찌를 것이다.

AI 분야 외에도 매력적인 벤처 기업은 많다. 예를 들어 스트라이프Stripe는 웹사이트에 신용카드 결제 기능을 쉽게 내장할 수 있는 서비스를 제공해서 급성장을 실현했다. 번거로운 은행 업무와 계약을 일괄적으로 대신 해결해 주기 때문에 수많은 온라인 쇼핑 사이트와 스타트업이 이용하게 되면서, 업계에서 사실상 표준으로 불릴 정도의 존재가 되고 있다. 게다가 유니콘 기업(평가액이 10억 달러를 넘는 미상장 벤처) 중에서도 이익을 확실히 벌어들이는 우등생으로 알려져 있다.

그런데 이런 매력적인 벤처 기업은 대부분 상장하지 않았기 때문에 개인 투자자가 마음대로 주식을 살 수는 없다. 기본적으로 비상장 주식은 벤처 캐피털, 엔젤 투자자(창업한 지 얼마 되지 않은 기업에 출자하는 투자자), 특수한 수단이 있는 사람들만 입수할 수 있다.

2차 시장(투자자들끼리 주식 등을 매매하는 시장)이라는 방법이 있기는 하지만, 수수료가 비싸거나 정당한 거래인지 판별하기 어려운 등 이용의 난도가 매우 높은 것이 현실이다.

그러면 아직 상장하지 않은 기업은 포기할 수밖에 없을까? 나는 그렇게 생각하지 않는다. 왜냐하면 지금은 상장하지 않았더라도 언젠가는 상장할 가능성이 충분히 있기 때문이다. 그리고 일단 상장이 결정되면 주가가 급등할 가능성도 크다.

이 경우에도 역시 관찰 목록의 활용을 추천한다. 앞으로 대박이 날 것 같은 미상장 기업을 발견하면 메모를 해 두고 정보를 수집하는 것이다.

가령 그록에 시선이 간다면 '어떤 기술로 엔디비아에 도전하려 하는가?', 'CEO의 비전은 무엇인가?'라는 정보를 평상시에 수집한다. 스트라이프라면 '언제 상장할 것인가?'라는 부분은 물론이고 '경쟁사는 어디인가?', '어떤 강점이 있는가?' 등을 확인해 둔다. 이후 만약 상장할 것이라는 뉴스가 나오면 그때까지 모은 정보를 바탕으로 재빨리 판단을 내리면 된다.

미상장 기업에 대한 투자는 쉽지 않다. 그렇다 해도 '상장 전이라서 매수할 수 없으니까 어쩔 수 없지'라며 손을 놓을 것이 아니라, 미리부터 점찍어 두면 상장한 순간 신속히 움직일 기회를 얻을 수 있다. 이것도 메타 트렌드 투자의 관점에서 대박을 노리는 방법 중 하나라고 본다.

터무니없이 비전이 큰 상장 기업을 노려라

미상장 기업 중에는 커다란 성장 잠재력을 가지고 놀랍도록 거창한 비전을 내세우는 회사들이 많다. 그러나 앞에서도 말했듯 미상장 기업의 주식을 일반 개인 투자자가 매수하기는 쉽지 않다.

한편 애플이나 메타 같은 거대 기업이 앞으로 10배씩 성장하기도 현실적으로는 어렵다. 그렇다면 우리가 커다란 성장 잠재력을 가진 기업을 포착하기 위해서는 어떤 선택지가 있을까?

내가 주목하는 것은 이미 상장했지만 터무니없이 큰 성장을 노리는 기업이다. 그 대표적인 예가 테슬라일 것이다. 테슬라의 CEO 일론 머스크는 수많은 국면에서 상식을 벗어났다고도 할 수 있는 호언장담을 해왔다.

한 예로 2020년에는 '2030년까지 자동차의 판매량을 연간 2천만 대로 늘리겠다'라는 목표를 공언했다. 이것은 세계 최대 규모인 토요타의 연간 판매량(약 1천만 대)의 2배다. 말도 안 된다거나 상식에 맞지 않는다는 비판을 받아도 이상하지 않다.

또 테슬라는 전기차뿐만 아니라 태양광 발전과 축전지를 통한 전력 사업, 자율 주행을 활용한 로보택시 사업, 인간형 로봇 옵티머스의 개발 등 새로운 사업을 차례차례 내놓고 있다. 모두 대규모 프로젝트이기 때문에 '이렇게 일을 벌여도 괜찮을까?'라는 생각이 들 만도 하다. 그러나 비상식적일 정도로 큰 비전이 있다는 것은 그만큼 커다란 성장 잠재력이 있다는 뜻이다.

그리고 이제 테슬라는 흑자 경영으로 풍부한 현금을 확보했기 때문에, 갓 시작한 벤처 기업처럼 갑자기 도산할 리스크는 거의 없다고 할 수 있다. 다시 말해 현재 테슬라는 이미 상장했지만 아직도 터무니없이 큰 성장을 노리는 회사라는, 상장 기업과 미상장 기업의 좋은 점만 취할 수 있는 존재다. 투자해 볼 가치가 당연히 있지 않을까?

펀더멘털 분석만으로 바라보면 일론 머스크의 말은 극단적으로 느껴질지 모른다. 실제로 기존의 분석 방법으로는 그 성장 잠재력을 정확히 판단할 수 없다. 그러나 2025년 1월 시점의 테슬라 시가 총액은 약 1조 3억 3천만 달러이고 엔비디아, 마이크로소프트, 애플 등은 3억 달러 이상이다. 앞으로 테슬라의 시가 총액이 3배가 될 가능성도 있다는 견해는 결코 황당무계하지 않다.

또 일론 머스크라면 정말로 해낼 것 같은 느낌도 든다. 만에 하나 2030년에 테슬라가 정말로 자동차 연간 2천만 대 판매를 달성하고 로보택시와 로봇 사업이 궤도에 오른다면 지금의 주가는 오히려 저평가되었다고 할 수 있다.

여기서 오해해서는 안 되는 점은 그러니까 반드시 테슬라를 사라고 추천하는 것은 아니라는 사실이다. 내가 하고 싶은 말은, 미상장 기업에 투자할 수 없는 개인 투자자에게는 이미 상장했으면서 여전히 커다란 성장을 노리는 회사를 찾는 일이 현실적인 전략이다. 테슬라는 그중 하나의 예일 뿐이다.

설레는 상대
찾는 법

내가 투자하고 싶은 기업이 당신에게도 최적의 기업이라는 보장은 없다. 나처럼 테크놀로지를 좋아하는 사람은 일론 머스크가 어떤 미래를 개척할지 상상하기만 해도 가슴이 두근두근하다. 나는 아무리 거창한 비전이라도 정말로 실현할지 모른다고 느끼게 하는 머스크의 카리스마에 이끌려 완전히 포로가 됐다.

그러나 머스크의 언행은 항상 뉴스의 표적이 되고, 논란이 되는 화제가 정기적으로 등장한다. 테슬라의 주가도 크게 변동할 때가 많다. 롤러코스터 같은 차트를 보고 싶지 않은 사람이라면 테슬라는 좀처럼 손대기 어려운 종목일 수 있다.

그러면 투자할 기업은 구체적으로 어떻게 고르면 좋을까? 우선 중요한 것은 메타 트렌드 투자의 관점에서 성장 잠재력이 있는 업계를 찾는다. 그리고 진심으로 응원하고 싶다는 생각이 들거나, 보면서 설레는 기업을 찾아야 한다.

나는 테크놀로지, AI, 전기차 분야에 관심이 많고 머스크처럼 대담한 리더십에 매료된다. 그러나 이것은 어디까지나 나 개인의 취향이다. 투자 분야나 경영자에게서 매력을 느끼는 지점은 사람마다 매우 다를 것이다.

'이 회사를 응원하고 싶다', '이 제품과 서비스를 보면 두근두근하다'라는 직감과 열정, 사실 이것이야말로 내가 제안하는 또 하나의 투자법인 '팬 투자'의 핵심이 되는 사고방식이다. 이처럼 팬이 되고 싶은 기업을 찾아낼 수 있다면 주식 투자가 더 자극적이고 재미있어지며, 기업의 성장을 진정으로 즐기는 숭고한 행위로 승격될 것이다.

다음 장에서는 이 팬 투자에 대해 자세히 설명하겠다.

3장

팬이 되고 싶은 기업에 투자하라

애초에 투자란 무엇일까?

주식 투자라고 하면 많은 사람들은 자산 형성의 이미지를 떠올릴 것이다. 물론 투자가 돈을 불리는 수단 중 하나인 것은 사실이다. 그러나 내가 가장 강조하고 싶은 것은 사회 참여로서의 투자다.

우리는 평소에 일하기도 하고 물건을 사기도 하면서 사회와 상호작용한다. 주주가 되면 그보다 더 깊숙이 사회에 참여할 수 있게 된다. 소액이라도 주식을 사면 그 기업에서 일어나는 일이 단번에 내 일이 된다. 신제품 소식을 들으면 '이제 실적이 오를까?' 하며 기대하게 되고, 사장의 SNS가 논란이 되면 '매출이 영향을 받을지도 몰라' 하며 가슴을 졸인다.

단순히 소비자로서 이용하기만 해서는 내 일이 되기 어렵다.

주주라는 입장에 있을 때 비로소 내가 투자한 기업과 업계의 동향을 남 일이 아니라고 느끼게 된다.

내가 본격적으로 주식을 사기 시작한 것은 2004년 애플 때부터이지만, 인생 처음으로 투자를 한 것은 고등학생 시절이다. 당시에는 '주주가 된다니 어른스럽고 멋있어 보여', '투자를 하면 사회가 어떻게 돌아가는지 배울 수 있을 것 같아'라는 호기심에서, 아르바이트로 모은 돈을 가지고 투자를 해 봤다. 처음 산 주식은 도시바였다.

지금 생각하면 꽤나 조숙한 고등학생이었는지 모른다. 그때 내가 사회의 일원이 됐다고 실감한 것은 아주 커다란 경험이 됐다.

투자는 겁나는 일도 아니고 단순한 돈벌이 수단이기만 한 것도 아니다. 사회와 더 깊은 관계를 맺고 경제 활동에 대한 참여 의식을 높이는 행위다. 우선 소액이라도 투자를 시작해서 그전과는 다른 관점에서 사회를 바라보기를 권한다. 그렇게 하면 눈앞의 세상이 그전과는 다르게 더 선명하고 깊이 있는 색채를 띠게 될 것이다.

주식 투자로
정치를 배워라

투자를 시작하면 투자하는 기업과 업계의 동향뿐만 아니라 사회 문제와 정치에 대해서도 저절로 관심이 생긴다. 경제와 기업 활동은 정치와 떼려야 뗄 수 없는 밀접한 관계를 맺고 있기 때문이다.

2024년 미국에서 대통령 선거가 있었다. 공화당의 도널드 트럼프와 민주당의 카멀라 해리스, 둘 중 누가 승리하느냐에 따라 내가 중점적으로 투자하는 IT, 전기차 분야가 커다란 영향을 받을 가능성이 있었다.

실제로 바이든 정권에서는 독점 금지법 규제가 강화되어 GAFAM을 비롯한 거대 IT 기업들의 벤처 기업 매수가 어려워지는 현상이 일어났다. 이러한 제한은 거대 IT 기업과 벤처 기업 양쪽에 모두 큰 영향을 미치며 업계 전체의 세력 구도, 자금과 인재의 흐름에도 뚜렷한 변화를 일으킨다.

해리스가 대통령에 당선되었다면 바이든 정권과 마찬가지로 민주당의 정책 방침이 유지되었을 것이다. 이번에 트럼프가 당선되면서 규제 완화를 비롯한 극적인 정책 전환이 일어날 가능성도 있다.

그리고 민주당 정권은 지구 온난화에 대한 의식이 높았기 때문에 전기차에 대한 보조금과 우대를 적극적으로 실시했다. 그러나 이번에 공화당이 집권하면서 이러한 환경 보호 정책이 폐지되고 테슬라 등 전기차 관련 기업의 주가도 큰 영향을 받을지 모른다. 전기차 시장이 성장 속도를 유지하는 데는 정치적 지원이 중요한 요인인 것이다.

물론 일본에서도 누가 총리가 되고 어느 정당이 여당이 되느냐에 따라 경제 정책과 세금 제도가 많이 달라진다. 규제 완화나 보조금 또는 새로운 법률의 제정 등이 기업의 실적에 긍정적인 영향을 줄 수도 있고 부정적인 영향을 줄 수도 있다. 정치는 투자 대상인 기업의 미래를 좌우할 가능성이 있으므로, 주식 투자를 시작하면 자연스럽게 정치 동향을 주목할 수밖에 없게 된다.

'나도 명색이 어른인데 정치에 대해 좀 알아야 하지 않을까?'라는 생각을 하면서도 실제로는 그다지 알아볼 마음이 들지 않는 사람이 많을 것이다. 그러나 주식 투자를 하다 보면 정치가 곧 투자 기업을 둘러싼 환경의 일부가 되므로 좋은 싫든 내 일이 된다.

　마치 영어를 배워 보려다가 번번이 포기했던 사람이 외국인과 연애를 하게 되면서 엄청난 동기 부여가 이루어지는 것과 비슷하다. 참고서나 공부 앱만으로는 영어 공부에 대한 동기가 잘 유지되지 않던 사람도 외국인과 연애를 하게 되면 적극적으로 나서서 공부하게 된다.

　투자를 통해 정치에 대한 의식과 관심이 높아지는 것은 단순한 돈벌이의 범주를 넘어 주식 투자의 커다란 의의이자 장점이라고 생각한다.

돈은
나 자신에 대한 성적표

"나카지마 씨에게 돈이란 무엇인가요?"라는 질문을 받을 때가 있다. 나는 명품이나 호화로운 생활에는 전혀 관심이 없고 물욕도 거의 없다. 반대로 전도유망한 기업을 찾아내서 투자하는 데는 뜨거운 열정을 쏟고 있다.

투자란 곧 돈을 불리는 수단이라고 생각하는 사람에게는 내 행동이 이상해 보일지도 모른다. 내게 돈이란 일종의 성적표다. 내 업무, 행동, 판단에 대한 자기 평가의 바로미터에 가까운 존재다.

옛날에 마이크로소프트에서 일할 때는 상사에게 좋은 평가를 받으면 연봉이 오르고 대규모 프로젝트를 맡으면 승진으로 이어지는 등, 성과가 직접적으로 보수나 지위에 반영되는 환경 속에 있었다. 특히 미국의 기업 문화는 성과와 보수의 연동이 일본보다 명쾌하다. 나는 그 명쾌함이 아주 마음 편했다.

대학교 때는 캔디 CANDY라는 PC용 소프트웨어를 개발해 로열티로 돈을 번 경험도 있다. 요즘은 내가 매주 발행하는 유료 뉴스레터의 구독자 수가 늘어나면 수입의 증가로 직결된다.

여기서 중요한 것은 내가 돈을 벌고 싶다는 욕구만으로 움직이지는 않는다는 사실이다. 상사와 동료들에게 "잘 처리했어", "Good job!"이라고 칭찬을 받을 뿐 아니라 그것이 최종적으로 돈이라는 숫자로서 눈에 보이는 형태로 돌아온다는 데에 확실한 손맛과 성취감을 느낀다.

주식 투자도 비슷하다. 내 나름대로 장래성을 발견해서 투자한 기업의 주가가 상승하면 마치 성적표에서 A 또는 5점 만점에 5점을 받은 듯한 기분이 든다. 내 기업 분석이나 투자 판단이 옳았다는 하나의 증거인 것이다. 반대로 예상이 어긋나서 주가가 하락하면 '더 열심히 해야 돼'라며 반성을 촉구당하는 기분이 든다.

올림픽에서 수영과 육상은 시간이라는 명확한 숫자로 결과가 정해지기 때문에 아주 이해하기 쉽다. 반면 심사위원이 채점하는 종목은 판정이 애매한 경우도 있고 평가 기준이나 규칙이 변경되는 경우도 있다. 나는 시간을 보면 누가 가장 빠른지 일목요연하게 나타나는 전자를 좋아한다.

주식 투자는 주가라는 형태로 투자 판단의 결과가 점수처럼 나타난다는 점이 수영 또는 육상 경기와 비슷하다고 느낀다. 기업의 가치나 향후의 성장성을 나름대로 살펴보고, 그 결과가 주가와 자산의 증감이라는 형태로 명확히 피드백된다.

나는 그 단순하고 객관적인 평가 시스템이 편안하다. 이것은 투자를 계속하는 커다란 동기 부여가 된다.

내 첫 투자는
메타 트렌드와 응원이었다

고등학교 때 내가 처음으로 투자한 곳은 도시바였다. 그 이유는 단순했다. 앞으로 반도체와 원자력에 주력한다는 도시바의 사업 방침에서 미래에 대한 커다란 가능성을 느꼈기 때문이다.

아직 어렸던 나는 '앞으로 크게 성장할 듯한 산업', '세계를 크게 바꿔놓을 듯한 기술'에 가슴 설레며 투자의 세계에 발을 내디뎠다.

지금 돌아보면 고등학생이면서도 메타 트렌드 투자를 나름대로 실천했던 것 같다. 또 당시의 나는 도시바의 선진성뿐만 아니라 '이 회사의 성장을 응원하고 싶다'라는 순수한 마음도 품고 있었다.

나는 당시부터 컴퓨터에 관심이 많았기에 반도체 분야의 장래성에 기대를 걸고 있었다. 원자력 발전도 꿈의 에너지로 홍보되어 많은 사람들의 주목을 받던 시절이었다. 나는 훗날 후쿠시마 제1원자력 발전소 사고를 거치면서 원자력 발전에 환멸을 느끼게 됐지만, 당시에는 원자력이 지구의 미래를 바꿔놓을지도 모른다는 희망을 품고 있었다.

물론 주식 투자는 기부나 모금이 아니다. 투자자는 기업의 성장에서 발생하는 이익을 기대하며 자금을 제공하고, 기업은 그 자금을 가지고 사업을 확대하거나 연구 개발을 진행한다. 그리고 기업이 성과를 올리면 주가의 상승과 배당금의 지불이라는 형태로 투자자에게 이익이 환원된다.

당시 나는 '투자자가 기업을 응원하고 기업은 성장함으로써 투자자에게 보상한다', '서로 윈윈 관계를 구축해서 함께 성장한다'라는 구조에 강한 매력을 느꼈다.

도시바 주식은 5년 정도 보유했다가 매각했다. 거기서 얻은 금전적 이익보다도 그 투자 경험이 내게 준 배움, 깨달음, 기쁨, 즐거움의 가치가 훨씬 크다고 생각한다. 그 경험은 투자자로서 내 원점이며, 이후 투자 스타일의 형성에 많은 영향을 줬다.

그저 소비자이기만 해서는 재미없다

나는 RPG(롤플레잉 게임)라는 장르의 게임을 좋아하지 않는다. 물론 가끔 플레이할 때도 있지만 아무리 해도 게임 디자이너가 만든 규칙에 놀아날 뿐이라는 느낌이 가시지 않아서 도중에 위화감을 느끼고 흥이 깨져 버린다.

RPG 속 세상에서 아무리 난해한 수수께끼를 해결해도 어차피 게임 디자이너가 교묘하게 만든 퍼즐을 푸는 데 지나지 않는다. 현실 세계에 존재하는, 예를 들면 아인슈타인의 상대성 이론처럼 인류 지혜의 결정체라고 할 수 있는 거대한 수수께끼와는 차원이 다르다고 느끼게 된다. 이 '누군가가 만든 규칙에 놀아나고 있다'라는 위화감은 일상생활의 소비 행동에도 공통되는 측면이 있다.

아마존에서 편리한 일용품을 사고 넷플릭스로 화제의 드라마를 보는 것은 대부분의 사람들에게는 쾌적하고 편리한 일상일 것이다. 그러나 나는 제공된 플랫폼이나 서비스를 그저 수동적으로 소비할 뿐이라는 느낌이 가시지 않아서 어딘가 부족하다고 느끼게 된다. 그 기업이나 서비스에 주체적으로 관여하지 않는 것이 분하거나 불쾌한 것 같기도 한 기분이다.

그러면 어떻게 해야 '게임을 플레이하는 쪽'에서 '게임을 만드는 쪽'으로 옮겨갈 수 있을까? 물론 직접 회사를 세워서 비즈니스를 운영하는 것이 가장 빠를지 모르지만, 당연히 쉽지 않다.

그래서 내가 선택한 방법은 주주가 되는 것이다. 상품과 서비스를 그저 소비하기만 해서는 손님이라는 수동적인 입장으로 끝나고 만다. 그러나 거기에 투자라는 요소를 더하면 기업의 성장을 향해 함께 나아가는 동료가 된다.

나는 테슬라의 전기차 '모델 X'를 시승해 보고 그 압도적인 사용자 경험에 즉시 구입을 결정했다. 사실 그 순간 이만큼 매력적인 자동차를 개발하고 제조하는 기업의 주식을 사지 않을 이유가 없다고 자연스럽게 느꼈다.

그리고 실제로 테슬라의 주주가 되자 세상을 바라보는 눈이 완전히 달라졌다. 테슬라의 실적이 향상되면 내 일처럼 기쁘고, 테슬라의 전기차 시장 점유율이 높아지면 전기차 전환에 내가 간접적으로나마 공헌하고 있다는 확실한 만족감이 솟아났다. 테슬라의 자동차를 구입하는 것만으로는 결코 이런 만족감을 느낄 수 없었을 것이다.

그리고 테슬라와 관련된 뉴스, CEO 일론 머스크의 발언 하나 하나에 전과는 비교가 되지 않을 만큼 신경을 쓰게 됐다. 머스크는 마치 개구쟁이 아들 같은 면이 있어서 과격한 언행으로 세상을 들 썩이게 만드는 일도 적지 않다. 그러나 그 부분조차도 내가 투자하기로 결정한 기업의 생생한 성장 스토리라고 생각하면 가슴을 졸이면서도 어딘지 재미있어서 눈을 떼지 못하게 된다.

게다가 이 테슬라 투자 이야기에는 속편이 있다. 나는 그 후 주가가 상승한 테슬라 주식을 일부 매각하고 그 이익으로 테슬라의 태양광 패널과 지붕이 일체화된 솔라루프Solar Roof 그리고 가정용 축전지 파워월Powerwall을 집에 설치했다.

기업을 응원하고 그 성장에서 얻은 이익을 다시 그 기업의 제품에 재투자한다. 이처럼 이상적인 순환 구조를 실현한 것은 내게 아주 큰 기쁨이며 통쾌한 경험이었다. 게임을 플레이하기만 하는 것이 아니라 게임 제작에 참여하고 있다고 강렬하게 실감할 수 있었다.

그저 수동적인 위치에 머무는 것이 아니라 주주가 됨으로써 기업의 성장에서 나오는 기쁨을 나눠 가지고, 때로는 과제를 함께 생각하는 동료의 위치에 한발 다가설 수 있다고 느낀다. 기분 좋고 통쾌해서 투자의 즐거움이 몇 배로 불어난다.

투자란
팬이 되는 것이다

요즘 '덕질'한다는 말이 자주 들린다. 아이돌 등을 열심히 응원하는 경우에 쓰는 말이다. 응원하는 아이돌의 CD를 여러 장 사거나, SNS에 그 아이돌의 매력에 대한 게시물을 열심히 올리거나, 공연과 행사에 전부 찾아가는 일 등이 대표적인 덕질, 즉 팬 활동이라고 할 수 있을 것이다.

나는 아이돌 팬 활동은 하지 않지만 팬 활동에 몰두하는 사람들의 마음은 아주 잘 이해할 수 있다. 왜냐하면 내가 오랫동안 실천해 온 투자는 그야말로 기업을 응원하는 행위이며 본질적으로 팬 활동과 완전히 똑같기 때문이다.

예를 들어 내가 투자하는 기업이 신제품을 발표한다는 소식을 들으면 마치 아이돌 그룹이 신곡을 발표한다는 소식에 가슴 설레는 팬처럼 기대와 흥분을 느낀다. 결산 발표는 마치 아이돌 그룹의 새 유닛 멤버 발표를 지켜보는 듯한 긴장감이 있다.

아이돌 팬에게 연말 음악 방송 출연이나 새 멤버의 추가가 커다란 이벤트인 것처럼, 투자자에게 기업의 중요한 발표나 신제품 발매는 두근거리는 순간이다. 내가 팬인 기업이 다음에 어떤 전략을 내놓을지, 어떤 새로운 제품이나 서비스로 세상을 놀라게 할지 너무나도 기대가 된다. 이렇게 들뜨는 기분은 팬 투자만의 묘미라고 할 수 있을 것이다.

내가 팬인 기업은 대표적으로 애플과 테슬라가 있다. 나는 이 두 기업의 제품과 서비스에 강렬하게 매료되었으며 주식도 계속 보유하고 있다.

나는 2004년 애플의 주식을 매수하면서 본격적으로 투자의 세계에 발을 들여놓았다. 당시는 아이팟이 폭발적인 인기를 얻으면서 애플이 각광을 받기 시작한 시기였다. 마이크로소프트 출신인 나는 그때까지 윈도우만 사용했는데, 시험 삼아 애플의 컴퓨터를 사용해 보고 그 선진성과 고품질의 사용자 경험에 커다란 충격을 받게 됐다. 그리고 애플의 당시 주가는 매우 저평가되었으며 커다란 성장 잠재력이 있다고 직감해서 우선 소액부터 투자하기 시작했다.

그 후 나는 실제로 애플 제품들을 오랫동안 사용하면서 그 매력에 사로잡혔다. 특히 내게 커다란 전환점이었던 것은 2007년 등장한 아이폰이다. '이건 단순한 새 휴대전화가 아니라 사람들의 라이프스타일, 나아가 세상을 크게 바꿀 가능성이 깃든 기기다'라는 강렬한 흥분을 지금도 선명하게 기억한다.

또 실제로 아이폰을 쓰기 시작하자 그 직관적이고 세련된 UI(사용자 인터페이스)/UX(사용자 경험)에 경탄하며 '이 정도로 혁신적이고 사용자 친화적인 기기가 세상에 존재하다니!'라고 진심으로 감동했다. 마치 산타클로스에게 최고의 선물을 받은 아이처럼 아이폰에 푹 빠져 손에서 놓지 못했다. 이런 제품을 통한 실제 경험이 팬 투자에 대한 내 뜻을 더욱 확고하게 만들어, 애플 주식을 본격적으로 추가 매수하는 커다란 원동력이 됐다.

실제로 애플 주식을 보유하게 되고 나서, 그전까지 그저 소비자로서 남 일처럼 지나쳤던 새 소식들을 완전히 다르게 의식하게 됐다. '신형 아이폰 출시 예정', '매출이 어디까지 증가할까?'라는 뉴스에 자연스럽게 시선이 가고, 애플의 사업과 성장을 내 일처럼 즐길 수 있게 된 것이다.

그리고 아이폰이 전 세계에 폭발적으로 보급되는 모습을 주주로서 지켜볼 뿐 아니라, 팬으로서 함께 성공했다는 강한 유대감과 성취감을 느끼며 지켜볼 수 있었다. 내게는 여러모로 달콤한 경험이었다.

테슬라도 마찬가지다. 2018년 내가 테슬라의 모델 X를 구입한 계기는 내 주변에서 테슬라 자동차를 타는 친구들이 갑자기 늘어났다는 사실을 깨달았기 때문이다. 실제로 테슬라 자동차를 소유한 한 친구는 "이 선진성을 한번 경험하면 더 이상 다른 회사의 자동차는 탈 수 없다"라고 열변을 토했다. 그 정도로 좋은가 싶어서 나도 시승해 봤다가 예상을 훌쩍 뛰어넘는 매끄럽고도 파워풀한 가속, 근미래적인 UI에 감동해 그 자리에서 모델 X의 구입을 결정했다.

내가 투자한 이후 테슬라는 항상 순항하지는 않았고, 가혹한 평가를 받기도 했다. 특히 오랜 적자 경영에 대해 수많은 애널리스트들이 "현실과 동떨어진 경영 비전", "정신 나간 CEO가 이끄는 회사" 등으로 비판하며 냉랭한 시선을 보냈다.

그러나 최종적으로 테슬라는 주식 시장과 회의적인 애널리스트들의 예상을 뒤엎고 전기차 시장의 선두 주자로 성장했다. 이제 테슬라는 토요타를 뛰어넘을 정도의 시가 총액을 자랑하는 기업으로 변모했다.

마치 무명의 인디 밴드를 데뷔 전부터 응원해 왔는데, 그 밴드가 국민적인 인기를 얻어 도쿄돔을 꽉 채울 정도로 성장했다는 이야기와도 같다. 자신이 팬인 밴드가 세상의 역풍을 헤치고 큰 무대에서 활약하는 모습을, 주식 투자를 통해 말하자면 특등석에서 즐긴다. 그리고 팬으로서 함께 헤쳐 왔다는 강한 일체감과 성취감을 느끼며 그 급성장을 음미할 수 있다.

투자를 팬 활동이라는 관점에서 바라보면 세상이 기존과는 완전히 다르게 보인다. 투자가 단숨에 신나고 친근하며 진심으로 몰두할 수 있는 최고의 엔터테인먼트로 바뀐다. 내가 팬인 기업에 투자해서 주주가 되고, 성장을 진심으로 응원하며, 성공을 기뻐하고, 때로는 과제를 함께 극복한다. 이것이야말로 내가 생각하는 '투자는 궁극의 팬 활동'인 이유다.

그리고 팬으로서 기업의 성장을 가장 가까운 곳에서 응원하며 함께 달린다. 그곳에서는 단순한 자산 형성이라는 틀을 뛰어넘은, 다른 무엇으로도 바꾸기 어려운 숭고한 경험이 기다리고 있다.

아이폰 사용자라면 애플 주식을 보유하라

'이게 없으면 못 살아'라고 느낄 만큼 열렬히 지지하는 기업, 제품, 서비스도 팬 투자의 대상이 될 수 있다.

가령 애플 제품을 애용하며 '아이폰과 맥북이 없는 생활은 상상할 수 없어'라고 느끼는 사람이 적지 않을 것이다. 그러나 애플의 이런 열성 팬 중에서 실제로 애플 주식을 보유한 사람은 의외로 적지 않을까? 마찬가지로 라쿠텐 포인트에 목숨을 걸면서 몇만 포인트씩 모아 '이 포인트로 뭘 살까?'라는 생각에 설레는 사람들 중에서도, 막상 라쿠텐 그룹의 주주는 많지 않을 것이다.

나는 그런 상황이 조금 이상하다고 느낀다. 아이폰이나 맥북이 없으면 못 살 만큼 애플 제품에 매료되었다면, 그저 제품만 사용하는 소비자의 위치에서 한발 더 나아가 투자자로서 애플의 성장을 함께 기뻐하고 미래를 응원한다는 선택지가 있어도 좋지 않을까? 넷플릭스 오리지널 드라마와 영화를 매일같이 본다면 넷플릭스 주식 투자를 고려해 보면 어떨까?

아이돌 등 연예인의 팬 활동을 하고 있고 그 연예인의 소속 기획사가 상장 기업이라면 그곳의 주식을 보유하는 것도 한 가지 방법이다. 이런 상장 기업의 예로는 세계적인 인기를 자랑하는 K팝 그룹 BTS의 소속사 하이브(구 빅히트 엔터테인먼트), 일본의 에이벡스와 아뮤즈 등이 있다.

좋아하는 서비스를 그저 소비하기만 하는 입장과 좋아하는 서비스에 투자해 그 성공을 당사자로서 함께 기뻐하고 성장의 과실을 가져가는 입장은 그 기업의 서비스에 대한 관여 방식 그리고 거기서 얻는 만족감과 경험의 측면에서 하늘과 땅 차이다.

'꼭 필요하다', '없으면 못 산다'라고 느끼는 기업이나 서비스가 있다면 단순한 소비자에 머물지 말고 주주라는 위치에서 더 깊이 팬 활동을 하며 가능성을 넓혀 나가는 것이 어떨까? 그 기업의 실적이 향상되고 주가가 상승하면 팬으로서 느끼는 기쁨과 투자자로서 느끼는 기쁨을 이중으로 만끽할 수 있을 것이다.

당신이
팬이 되고 싶은 기업은?

사실 팬 투자의 계기는 일상의 사소한 선택 속에 숨어 있다. 우리는 평소에 은행, 증권사, 통신사 등을 특별한 이유 없이 고르는 듯 보이지만 실제로는 '이 서비스가 나한테 더 잘 맞아', '여기는 신뢰할 수 있을 것 같아'라는 직감과 수긍을 단서로 삼아 무의식중에 판단을 내린다.

예를 들어 은행 계좌를 새로 만드는 경우를 생각해 보자. 주거래 은행에서 시스템 장애가 여러 번 일어나는 바람에 불신을 품게 되어, 더 안정된 다른 은행으로 갈아타기로 마음을 먹었다고 가정하겠다.

소중한 돈을 맡기는 곳이므로 수수료, 고객 지원, 다른 이용자들의 평판 등을 인터넷에서 철저히 조사해 볼 것이다. 그 결과 '이 은행은 나랑 잘 맞을 것 같아', '여기라면 안심하고 돈을 맡길 수 있겠어'라는 확신을 얻어 새로운 은행 계좌를 개설할 것이다.

그리고 그 과정에서 그 은행의 주식을 구입한다는 선택지가 등장한다면 결코 이상한 일이 아니다. '여기가 좋겠어'라고 느끼는 것은 다른 은행에는 없는 매력이나 강점을 느꼈기 때문이다. 그리고 세상에는 똑같은 느낌을 받는 사람이 많이 있을 가능성이 높으므로 향후 이용자 수 증가와 실적 향상, 나아가 주가 상승으로 이어질 수 있다.

설령 '마스코트가 마음에 들어서', '다른 사람들도 다 쓰니까'라는 얼핏 보기에 사소한 이유라도, 더 깊이 들어가서 생각해 보면 다른 은행보다 더 정교한 마케팅 전략이나 확고한 브랜드 이미지 구축에 성공했다는 증거라고 할 수 있다.

증권사를 선택할 때도 마찬가지다. 투자에 관심을 가지고 이 책을 선택한 당신 중 다수는 이미 증권사 계좌를 가지고 있을 것이다. 앞으로 계좌를 만들 예정인 분도 적지 않을 것이다. 왜 수많은 증권사 중에서 그 회사를 골랐는지, 다시 한 번 자기 자신에게 물어보기를 권한다.

'수수료가 업계 최저 수준이라서', '스마트폰 앱이나 거래 사이트가 직관적이고 사용하기 쉬워서', '고객 지원 서비스가 친절하고 믿음직해서', '매력적인 이벤트를 자주 실시해서' 등 자기 나름의 선정 기준이 여러 가지 있었을 것이다. 그리고 그 선정 기준이야말로 사실은 앞으로 팬이 되고 싶은 기업을 찾아내는 중요한 단서다.

일상생활 속에서 무심코 고른 기업이나 서비스를, 한발 물러서서 객관적인 시각으로 바라보자. 그렇게 하면 '마음에 드니까', '나랑 잘 맞으니까' 등의 이유를 통해 무의식중에 팬이 되고 싶은 기업을 찾아낼 수 있다.

팬을 관두고 싶어지면 얼른 매도하라

아무리 열렬하게 팬으로 활동하던 기업이라도 시간이 지나면서 매력이 옅어지고 '팬을 관둬야 하나?'라고 느끼는 순간이 찾아오는 경우가 있다. 그럴 때는 미련을 버리고 깔끔하게 매도하는 것이 내 방식이다.

한 예로 나는 예전에 메타의 주식을 보유했지만 어느 시점에서 전량 매도했다. 그 이유는 메타가 회사명을 바꿀 정도로 메타버스 사업으로 기운 것에 강한 위화감을 느꼈기 때문이다(2021년 10월 페이스북에서 메타로 회사명 변경). 메타버스를 대강 설명하자면 3차원 가상 공간에서 이용자가 아바타(자신의 분신)를 통해 소통하고 경제 활동을 할 수 있다는 구상이다.

당시 메타의 경영진은 이 메타버스 사업에서 남다른 가능성을 느끼고 거기에 사운을 건 듯 보였다. 그러나 당시의 기술 수준, 기기 성능, 보급 상황을 냉철하게 분석해 보면 수많은 과제가 산적해 있었다. 나는 일반 이용자에게 메타버스가 널리 보급되려면 상당한 시간과 기술의 진보가 필요할 것이라고 판단했다. 회사명을 바꾸면서까지 온 힘을 쏟아부을 사업 영역이라고는 생각할 수 없었다.

게다가 나는 페이스북을 언젠가부터 전혀 사용하지 않게 됐다. 내 마음속에서 메타는 메타 트렌드 투자의 관점에서 봤을 때 장래성도 의문스럽고 팬 투자 대상으로서의 애착도 사라지고 만 것이다. 그렇게 되자 메타의 주식을 계속 보유할 이유가 없어져서 모두 매도하기에 이르렀다.

전에는 팬이었던 기업에서 어느덧 팬 활동을 그만두고 싶어지는 일은 누구에게나 일어날 수 있다. 가령 한때 라쿠텐 포인트 쌓기에 몰두했던 사람도 요즘 포인트를 쓰기 불편해졌다고 느껴서 다른 사이트로 갈아탈 수 있다. 항상 아마존에서 물건을 사던 사람도 요즘은 배송 처리를 대충 한다고 느껴서 다른 업체로 바꿀 수 있다.

이처럼 소비자의 시선에서 볼 때 서비스의 매력이 약해졌다고 느낀다면 투자자의 시선에서 봐도 팬을 관두기 충분한 계기가 된다. 응원하는 마음이 사라지고 말았다면 그 기업의 주식을 계속 보유할 합리적인 근거도 소멸하고 만다. 이것은 바로 팔 때라는 신호다.

더 이상 팬이 아닌 기업의 주식에 미련이 남아서 계속 보유해 봤자 결국 스트레스가 쌓일 뿐이다. 만약 주가가 하락하면 금전적인 손실뿐만 아니라 정신적으로도 큰 타격을 받게 된다. '그때 질질 끌지 말고 얼른 팔아 버릴걸' 하고 후회할 것이다. 어쩌다 주가가 상승한다 해도 팬이었을 때처럼 기업과 함께 성장을 기뻐하며 미래를 만들어 나간다는 들뜬 느낌은 다시 돌아오지 않는다.

팬을 관둬야겠다고 느끼면 신속하게 매도하자. 이 깔끔한 결단이야말로 메타 트렌드 투자와 팬 투자를 오랫동안 건강한 정신으로 계속하기 위한 중요한 비결이라고 생각한다.

주주이자 생산자가 되어
보상을 받아라

진심으로 응원하고 싶은 기업의 주식을 매수하는 것이 팬 투자이다. 가령 애플 제품을 사랑한다면 애플의 주식, 넷플릭스의 오리지널 드라마에 푹 빠졌다면 넷플릭스의 주식을 사 본다. 그런 식으로 팬이 되고 싶은 기업을 찾아내 주식을 사면 투자가 순식간에 즐거워진다.

그리고 팬 투자에서 한발 더 나아가면 단순한 이용자나 주주에 머무르지 않고 생산자로서 그 기업에 기여하는 즐거움이 생겨난다. 구체적으로 이야기하자면, 나는 생산자로서 아이폰 앱을 개발해 애플의 성장에 참여하는 경험을 했다.

사진 공유 SNS라고 하면 누구나 입을 모아 인스타그램을 말할 것이다. 그런데 세계 최초로 스마트폰을 위한 사진 공유를 실현한 것은 사실 내가 만든 앱이었다.

최초의 아이폰이 등장한 지 1년 정도 지난 2008년, 아직 아이폰 앱 개발이 세상에서 그다지 주목받지 못하던 시기였다. 당시 나는 '지금 앱을 개발하면 크게 성공할 수 있을지도 몰라'라고 생각했다.

당시 나는 미국에 살고 있었는데 업무 때문에 일본에 자주 갔다. 그리고 일본의 모바일 시장도 접할 기회가 많았다. 그중에서도 당시의 제이폰(소프트뱅크의 전신) 관계자 분에게 "휴대전화의 여러 기능과 서비스 중에서 이용자들이 한번 쓰기 시작하면 헤어 나오지 못하는 것은 사진(사진 첨부 메시지)이었다"라는 이야기를 들었다.

그때 '스마트폰으로 찍은 사진을 쉽게 공유할 수 있는 앱이 있으면 전 세계에서 히트할 것이 틀림없다'라는 아이디어를 얻었다. 이렇게 해서 개발한 것이 포토셰어 PhotoShare 라는 앱이다. 출시 당시 애플의 앱스토어에 등록된 앱은 겨우 500개 정도였기 때문에 포토셰어는 눈 깜짝할 사이에 주목을 받았다.

올린 사진에 '좋아요' 같은 반응과 댓글을 즉시 남길 수 있는 시스템이 인기를 얻어, 젊은 세대를 중심으로 돌풍을 일으켰다. 하루에 몇 시간씩 사용하는 헤비 유저들도 등장했다. 나아가 포토셰어를 계기로 결혼에 이르렀다는 커플들도 여러 쌍이 나왔다.

다운로드 수는 100만 건을 넘어 앱스토어의 소셜 네트워킹 부문에서 2년간 1위를 유지했다. 아이들이 포토셰어를 지나치게 많이 쓰는 바람에 일부 학교에서 사용 금지령을 내리는 현상마저 있었다.

하지만 그렇게 잘나가던 포토셰어도, 비즈니스로서 도약해야 했던 타이밍에 내가 잘못된 경영 판단을 내리고 말았다. 한 비즈니스 모델 경연 대회에서 우승했을 때, 벤처 캐피털이 출자할 의향을 밝혔다. 그러나 이미지 필터로 이미 수익을 올리고 있었기 때문에 외부 투자는 불필요하다고 생각해서 모처럼 온 기회를 거절하고 만 것이다.

그 후 사업을 차근차근 확장했지만, 후발 주자로서 2010년에 등장한 인스타그램이 벤처 캐피털의 풍부한 자금을 활용해서 포토셰어가 유료로 제공하던 필터를 무료로 제공하는 등의 전략을 펼쳤다. 그 결과 인스타그램의 이용자가 순식간에 늘었고, 최종적으로는 메타에 고액으로 인수되는 대성공을 거두었다.

결과적으로 포토셰어는 비즈니스로서는 크게 성공하지 못했다. 그러나 나는 스마트폰 사진 공유 서비스를 세상에 내놓음으로써 '아이폰으로 이런 일을 할 수 있다'라는 매력을 더 많은 사용자에게 알렸다는 보람을 느꼈다.

이후 인스타그램이 커다란 열풍을 일으키면서 스마트폰을 통한 사진 공유가 전 세계에서 당연한 일이 되었으며, 아이폰이 절대적인 인기를 얻는 원인 중 하나가 되기도 했다. 그래서 나는 포토셰어가 직접적으로나 그리고 인스타그램을 통해서 간접적으로나 애플의 성장과 주가를 높이는 데 일조한 것이 아닐까 생각한다.

나는 당시부터 애플 주식을 보유하고 있었다. 아이폰의 보급과 인기는 그대로 애플의 기업 가치 상승 그리고 주가 상승으로 직결됐다. 그렇게 생각하면 포토셰어는 대성공을 거두지는 못했지만 애플 주식의 상승을 통해 이익을 가져다 줬으므로 나로서는 '결과적으로 잘됐네'라고 느끼는 면도 있다.

이처럼 진심으로 팬인 기업을 지지하는 방법은 주주가 되는 것뿐만이 아니다. 생산자로서 참여해 제품이나 서비스의 인기를 높임으로써 그 기업의 성장을 직간접적으로 지원하는 방법도 있다. 난도가 꽤나 높기는 하지만 한발 더 깊이 들어가 생산자로서 참여해 보면 나와 기업이 하나가 되어 성장하는 느낌을 맛볼 수 있다. 이것은 아주 신나는 경험이다.

누구나 크리에이터인 시대, 궁극의 팬 투자

단순한 소비자나 투자자를 넘어, 기업의 인기를 높이는 쪽에 서서 기업의 가치와 주가를 함께 끌어올리는 일 또한 팬 투자의 일환이다. 예를 들어 영상 크리에이터라면 넷플릭스의 주식을 보유하기만 하는 것이 아니라 자기 작품을 넷플릭스에 판매한다는 선택지도 생각할 수 있다.

유튜버라면 알파벳(구글) 주식을 보유하는 동시에 자신의 채널을 열심히 키워 나가는 것도 좋다. 유튜버의 수익 창출 수단은 일반적으로 영상에 붙는 광고, 업체가 의뢰하는 광고, 굿즈 판매다. 그러나 유튜브 전체의 인기를 높임으로써 주주로서 알파벳의 주가 상승에 기여할 수도 있다. 이것이 기존 수익을 뛰어넘을 가능성도 있다. 언젠가 유튜버 영상에서 얻는 수입보다 알파벳 주식으로 버는 돈이 더 많은 '진정한 유튜버'가 탄생할지도 모른다.

물론 '내가 프로그래밍을 어떻게 해?', '영상 제작 같은 크리에이티브한 작업은 진입 장벽이 높지 않나?'라고 느끼는 사람도 있을 수 있다. IT 엔지니어, 영상 크리에이터, 인기 유튜버 등 생산자 측에 본격적으로 뛰어드는 일은 어렵게 느껴지는 것이 당연하다.

그러나 아마추어라도 참여할 수 있는 방법이 여러 가지 있다. 요즘은 SNS, 블로그, 영상 플랫폼 등 콘텐츠를 올릴 수 있는 공간이 잘 정비되어 있으며 누구나 크리에이터가 될 수 있는 시대다.

가령 라쿠텐 포인트를 효율적으로 쌓는 방법을 블로그에서 설명하거나 아마존 세일 정보를 SNS에 올리는 등의 정보 전달로도 기업의 매출 확대와 주가 성장에 한몫할 가능성이 충분히 있다. 지금 시대에 일반인의 힘을 우습게 봐서는 안 된다. 일반인의 SNS 게시물이 계기가 되어 상품이 폭발적으로 팔리거나 하룻밤 사이에 유행이 탄생하는 경우가 드물지 않다.

물론 제품을 좋아하거나 서비스를 응원하고 싶다는 단순한 마음으로도 충분히 팬 투자를 즐길 수 있을 것이다. 그러나 좋아하는 제품이나 서비스를 응원하기 위한 노력이나 창의적인 아이디어가 기업의 성장으로 이어지고 주가도 높아서 주주로서도 이익을 얻을 수 있는 이용자·주주·생산자 삼위일체는 그야말로 궁극의 팬 투자이며 최고로 가슴 설레는 경험이 될 것이다.

일반인은 가끔
프로 애널리스트를 능가한다

개인 투자자는 펀드 매니저나 애널리스트 등의 프로와는 상대가 되지 않는다고 생각하는 사람이 많을 것이다. 확실히 이런 프로들은 국내외의 대학교와 대학원에서 최첨단 금융과 경영을 배우고 풍부한 정보, 인력, 자금력으로 시장을 분석한다.

그러나 프로들은 업계와 기업을 광범위하게 총망라해서 분석해야 하므로 기업 하나하나를 깊이 파고들기에는 시간과 자원에 한계가 있다. 결과적으로 분석과 지식이 넓은 대신 얕아지기 쉽다는 약점이 있다.

반면 팬 투자는 애정에서 나오는 열정을 원동력 삼아 끝까지 깊숙하게 파고든다. 팬인 기업의 제품이나 서비스를 일상적으로 사용하고, SNS나 커뮤니티에서 소비자들의 목소리를 듣는다. 먹고 자는 것도 잊을 정도로 그 기업의 일거수일투족을 따라다님으로써 프로 애널리스트를 능가하는 지식을 갖추는 일이 가능한 것이다.

한 예로 나는 테슬라의 열성 팬이다. 매일 테슬라 자동차를 운전하고 집에 태양광 발전 시스템을 갖췄기 때문에 제품과 서비스의 강점은 물론 약점도 경험을 통해서 파악했다. 언젠가 테슬라에 문의를 했는데 자율 주행 컴퓨터에 대해 담당자보다도 내가 더 잘 알고 있어서 무심코 쓴웃음이 나왔을 정도다.

마찬가지로 팬이나 마니아가 프로를 능가하는 경우는 결코 드물지 않다. 철도 마니아들은 차량 모델과 달릴 때 나는 소리의 차이, 시각표의 세부 사항까지 놀랍도록 속속들이 알고 있다. 철도 회사의 직원이나 경영진 뺨치는 지식을 가지고 있는 경우가 많다. 엔터테인먼트 분야에서도 좋아하는 배우나 영화감독의 작품을 모조리 챙겨 본 팬이 영화 평론가보다 더 깊이 있는 시각을 가지고 있는 경우가 많다.

라쿠텐 포인트를 열심히 모으는 라쿠텐 팬이라면 '라쿠텐 쇼핑몰의 UI를 이렇게 바꾸면 더 편리할 텐데'라는 개선안이나 새로운 서비스의 아이디어를 일상적으로 떠올릴 수도 있을 것이다. 아무에게도 의지하지 않고 방대한 정보와 숫자를 추적하며, 분석만으로는 발견할 수 없는 현장 감각을 갖추고 있는 것이 마니아만의 강점이다.

그 기업에 푹 빠져 있기에 정보 수집과 공부가 고생스럽게 느껴지지 않는다. 오히려 새로운 정보나 아직 세상이 모르는 정보를 얻을 때마다 두근거린다. 그 기업을 사랑해 마지않기에 지식과 경험이 빠르게 쌓이고 프로조차도 뛰어넘는 영역에 들어설 수 있다. 이 '좋아하면 잘하게 된다'라는 현상이, 넓고 얕은 분석에 그치기 쉬운 프로를 이기는 강점의 원천이 된다.

배움을 위한
투자

앞에서는 팬 활동의 열정을 원동력으로 한 투자의 흐름을 소개했다. 그러나 사실 그 반대 패턴인 '그 기업이나 업계에 대해 깊이 알고 싶어서 일부러 투자한다'라는 전략도 효과적이다. '이 기업에 대해 더 자세히 알고 싶다, 그래서 소액을 투자해 우선 내 일로 만든다'라는, 소위 배움이 목적인 투자 방법이다.

　예를 들어 잘 모르면서도 왠지 이상하게 관심이 가는 기업이나 서비스를 만났을 때, 나는 우선 소액을 투자해 본다. 앞에서 이야기했듯 주주가 되면 자연스럽게 그 기업과 업계에 대한 정보를 수집하게 되고 자발적으로 공부하고자 하는 의욕이 비약적으로 높아진다. 돈을 투자함으로써 그 기업에 대한 관심이 부쩍 강해지고 '더 깊이 알고 싶다, 더 깊이 이해하고 싶다'라는 지적 호기심이 강하게 자극된다.

최근 내가 이처럼 배움을 위한 투자를 실천한 대상은 미국의 전기차 제조 업체 리비안Rivian이다. 언젠가부터 리비안의 존재가 묘하게 내 관심을 끌기 시작했다.

미디어의 보도에 따르면 미국의 전기차 시장 점유율은 테슬라가 압도적이고 그 다음은 BYD, 포드, GM 등이었다. 그런데 내가 사는 지역에서는 테슬라 다음으로 리비안의 자동차가 자주 보인다. 내가 체감하기로는 80%가 테슬라, 나머지 20%가 리비안이다. 그리고 지인 중에 리비안 자동차를 타는 사람이 있어서 감상을 물어봤더니 '디자인과 승차감이 최고다. 이제 다른 차는 못 타겠다'라고 극찬했다.

갑자기 큰돈을 투자하는 것은 리스크가 크니 우선 소액을 투자하고 이 기업에 대해 철저히 알아봐야겠다고 생각했다. 그래서 나는 그때부터 리비안을 관찰 목록에 추가하고 실제로 소량의 주식을 매수해 봤다. 재무제표를 훑어봤더니 리비안은 아직 적자가 많고 자동차 한 대를 판매할 때마다 손실이 발생하는 상황이었다. 재무 상황만 보면 머지않아 파산해도 이상하지 않다는 말을 들을 만도 한 상태였다.

그렇게 관찰하는 동안 리비안이 폭스바겐에서 자금을 조달하고, 또 조인트 벤처를 만들어 그곳에서 폭스바겐과 소프트웨어를 공동 개발하기로 결정되었다. 아직 이 제휴가 어디까지 결실을 맺을지는 알 수 없지만 테슬라를 제외한 모든 자동차 회사는 소프트웨어가 약점이기 때문에 소프트웨어에 강한 리비안이 자동차 업계에서 큰 역할을 할 가능성이 다소 있다. 그래서 당분간은 이대로 주식을 보유한 채 지켜보려고 한다.

내가 배움을 위해 투자했던 여러 기업들 중에 또 한 곳으로 유니티 테크놀로지스Unity Technologies가 있다. 이곳은 3D 게임 개발에 세계적으로 사용되는 게임 엔진 유니티Unity를 개발하고 제공하는 기업이다.

최근 유니티는 게임 개발뿐만 아니라 의료, 제조, 건축 등 폭넓은 산업 분야에서 활용되기 시작했다. 앞으로 비즈니스 현장에서 크게 활약할 가능성도 있기 때문에 나는 유니티 테크놀로지에 관심을 갖게 됐다. 그래서 우선 소액을 투자한 후 비즈니스 모델, 실적, 장래성을 나름대로 자세히 조사하고 분석해 봤다.

그러나 유니티 테크놀로지스는 어느 시점에서 비즈니스 모델을 변경해, 유니티로 게임을 개발하던 개발자들의 반발을 부르고 말았다. 이 사건을 계기로 진득하게 장기 보유하고 싶은 종목은 아니라고 느끼게 되어 주식을 재빨리 매도했다.

결과적으로 유니티 테크놀로지스에 대한 투자에서는 약간 손실을 입었다. 그러나 이 기업과 비즈니스 모델 그리고 게임 엔진 업계에 대해 어느 정도 깊이 이해하게 된 것은 내게 커다란 수확이었다. 내게 맞지 않는 투자 대상이라고 판단함으로써 불필요한 손실을 회피하고 신속히 손절할 수 있었다. 향후 투자 판단에 반드시 도움이 될 귀중한 배움을 얻은 투자라고 할 수 있다.

팬 활동으로
점과 점을 연결하라

팬 투자를 하다 보면 얼핏 보기에 아무것도 아닌 뉴스 속에 다른 투자자들이 놓친 중요한 힌트가 숨어 있는 것을 발견하는 경우가 있다.

내가 스타벅스 주식을 보유했던 시절의 이야기다. 어느 날 무심코 보던 뉴스 기사에 '스타벅스 선불 카드와 기프티콘의 미사용 잔액 누계가 300억 엔을 넘었다'라고 쓰여 있었다.

많은 사람들이 알고 있겠지만 스타벅스는 매장에서 빠르게 결제할 수 있도록 독자적으로 선불 카드를 발행한다. 카드를 사전에 충전해 두면 음료와 식품을 쉽고 편하게 구입할 수 있는 것이 매력이다.

그러나 충전한 금액을 다 쓰지 못하고 카드의 존재 자체를 잊어버리는 고객들도 일정하게 존재한다. 그런 고객이 사용하지 않은 충전 잔액은 스타벅스가 맡아둔 돈의 형태로 쌓이게 된다. 기사에 따르면 이 맡아둔 돈의 총액이 무려 300억 엔을 넘었다고 한다.

마침 그때 나는 미국의 회계 규정에 대한 다른 기사를 읽고 '선불 카드 등에 충전된 채로 사용되지 않은 돈은 일정 기간이 지나면 기업 이익으로 전환 가능하다'라는 정보를 얻었다. 이 순간 내 머릿속에서 '스타벅스의 미사용 잔액 뉴스'와 '미국의 회계 규정'이라는 두 가지 정보가 딱 맞아 들어갔다.

그리고 나는 이런 가설을 세웠다. 가령 스타벅스가 미사용 잔액 300억 엔 중에서 연간 20%를 이익으로 전환할 수 있다면 1년에 60억 엔이나 되는 이익이 회계 장부에 새롭게 추가된다. 카드를 충전한 시점에 이미 돈이 들어왔으므로 현금 흐름 자체는 변함없다. 그러나 결산에서는 미사용 잔액의 일부가 이익으로 전환된다.

그렇게 되면 스타벅스의 결산 숫자는 대폭 상승한다. 그리고 스타벅스는 신규 출점이나 특별한 판촉 전략 등을 실시하지 않아도 매년 60억 엔씩, 5년간 합계 300억 엔이나 되는 막대한 이익을 안정적으로 축적하게 될 가능성이 있다.

말할 것도 없이 기업의 이익은 주가로 직결되는 중요한 요소다. 나는 이 미사용 잔액의 이익 전환이 스타벅스의 주가를 크게 밀어 올리는 강력한 요인이 될 수 있다고 확신했다. 이런 발상에 다다를 수 있었던 것은 바로 내가 스타벅스에 관심을 가지고 있었을 뿐 아니라 실제로 팬 투자를 하고 있었기 때문이다.

아무리 스타벅스의 프라푸치노 커스터마이징을 속속들이 알고 있는 열성적인 팬이라도 선불 카드 등의 미사용 잔액과 미국의 회계 규칙에 관한 뉴스를 봤을 때 별다른 생각이 들지 않았을 수 있다. 하물며 그런 정보를 통해 스타벅스의 향후 이익이 상승할 가능성을 생각하기는 더욱 어려웠을 것이다.

팬 투자에는 가끔 프로 애널리스트마저 놓치고 마는 귀중한 정보와 통찰 그리고 다른 투자자들에게는 없는 깨달음을 얻을 가능성이 숨어 있다. 팬인 기업에 대한 애정이라고도 할 수 있는 깊은 관심은 성공적인 투자를 위한 강력한 무기가 될 수 있다.

경영자의 비전에 꽂혀라

앞에서는 애플의 아이폰이나 테슬라의 모델 X 등 제품에 마음을 빼앗기면서 시작된 팬 투자의 사례를 소개했다. 그런데 팬 활동의 대상은 제품이 아닐 수도 있다. 경영자가 내세우는 비전 자체에 팬이 되는 경우도 있다.

한 예로 애플의 공동 창업자인 스티브 잡스는 '컴퓨터를 누구나 쓸 수 있는 직관적인 도구로 만들어서 사람들이 자유롭게 창의성을 발휘할 수 있도록 한다'라는 장대한 비전을 내걸었다. 잡스가 고집한 편의성과 세련된 디자인은 컴퓨터 업계의 기존 상식을 통째로 뒤집는 것이었을 뿐 아니라, 이후 아이폰과 아이패드라는 혁신적인 기기로 이어져서 대성공을 거두는 원동력이 됐다.

또 테슬라의 CEO인 일론 머스크는 '지속 가능한 에너지를 향한 전환을 가속한다'라는 사명을 내걸고 있다. 머스크의 도전은 전기차에서 멈추지 않는다. 태양광 발전과 축전지의 보급, 로켓 개발을 통한 우주 진출 등 지속 가능한 미래를 위한 사명을 끊임없이 추진하고 있다.

내가 초기 단계에서 애플과 테슬라에 투자한 이유는 그저 제품에 반했기 때문만은 아니다. 그 CEO들이 만들어내고자 하는 미래에 공감해서, 실현을 돕고 싶다는 마음이 강하게 들었기 때문이다.

물론 이처럼 비전이 앞서는 투자에는 그만큼 리스크가 따른다. 혁신적인 추진은 장기적인 적자를 낳기도 하고, 주위에서 '황당무계하다', '잘될 리 없다'라는 부정적인 시선을 받는 경우도 많다.

그러나 숫자만으로는 측정할 수 없는 가능성과 잠재력이 숨어 있는 기업은 메타 트렌드의 거대한 파도에 올라타서 대박이 날 가능성이 충분히 있다. '이 경영자가 상상하는 미래를 응원하고 싶다', '이런 비전이라면 나도 참여하고 싶다'라는 직감과 공감이 있으면 비전 그 자체에 팬이 되어 투자하는 것도 충분히 가능하다고 생각한다.

경영자가 가진 비전의 규모는 그 기업의 성장 잠재력을 보여주는 지표이기도 하다. 경영자가 커다란 꿈을 열정적으로 이야기하고, 그 꿈을 지원하며 함께 미래를 걸고자 하는 인력과 투자자가 모여드는 회사가 성장한다.

경영자의 인성에 꽂혀라

한 기업에 실제로 투자할지 판단할 때 참고하는 요인은 제품 또는 서비스와 경영자의 비전뿐만은 아니다. 경영자 본인의 인성에 이끌려 투자를 결정하는 경우도 많다.

하워드 슐츠는 시애틀의 일개 커피숍에 지나지 않았던 스타벅스를 세계적인 커피 체인으로 성장시켰다. 스타벅스에 '제3의 장소(집도 아니고 직장도 아닌 곳)'라는 개념을 도입한 것으로도 알려져 있다. 나는 슐츠의 책을 읽고 그 리더십과 비전에 깊이 매료됐다. 예전에 내가 시애틀에 살 때 스타벅스가 지역 기업이라는 점에 친근감을 느꼈던 것도 맞물려, 그가 그려내는 스타벅스의 모습을 응원하고 싶다는 생각에서 팬 투자를 하고 싶어졌다.

경영자의 인성이라는 측면에서는 유니클로에도 주목했다. 창업자 야나이 다다시의 책을 읽고 멋진 경영자라고 느꼈기 때문이다. 게다가 나는 평상시 유니클로 옷을 애용한다. 팬 투자의 관점에서 보면 투자하지 않을 이유가 없다. 그래서 실제로 주식을 매수하려고 했는데, 미국에 살면서 일본 기업의 주식을 매수하는 절차가 너무 번거로워서 결국 투자를 포기하고 말았다. 지금 돌아보면 '주식을 더 쉽게 살 수 있는 환경이었다면 분명 투자했을 텐데…'라고 조금 아쉬운 마음이 든다.

넷플릭스에 투자한 계기도 말하자면 경영자의 팬 활동이었다. 원래 내 아내가 넷플릭스 드라마에 푹 빠진 것을 계기로 관심을 갖기 시작했다가, CEO 리드 헤이스팅스에 대해 알아보고 그 경영 방법에 감탄했다.

넷플릭스에서는 성과주의를 기반으로 '최고의 인재에게 자유를 주고, 그 대신 결과를 엄격히 평가한다'라는 방식으로 조직을 운영한다. 나는 그 방식에 크게 공감했다. 거창한 전망을 이야기하는 유형의 경영자는 아니지만 합리성 있는 경영 철학에 공감해서 신뢰할 만한 인물이라고 느꼈다. 그리고 점점 더 조사해 보면서 이 기업은 응원할 가치가 있다고 느끼고 실제로 주식을 매수했다.

나는 투자를 검토할 때 그 기업의 경영자가 쓴 책이나 인터뷰 기사를 훑어보고, 어떤 사고방식과 리더십을 가진 사람인지 주의 깊게 살펴본다. 숫자만 봐서는 알 수 없는 그 기업의 본질과 강점을 포착할 수 있는 데다, 경영 이념과 경영자의 인성은 반드시 알아야 한다고 생각하기 때문이다.

물론 경영자에게 너무 많은 기대를 했다가 발등을 찍힐 리스크가 있음은 부정할 수 없다. 비전과 인성에 반해서 적자나 시장 침체를 간과하는 경우도 있을 수 있다.

그래도 인성의 측면까지 포함해 신뢰할 수 있는 경영자라면, 설령 단기적으로 실적이 시원치 않더라도 그 기업의 주식을 계속 보유하고 싶다. 또 장기적인 자세가 기본인 메타 트렌드 투자와도 잘 맞는다고 느낀다. 그렇기에 리더의 사고방식과 가치관의 팬이 될 수 있는가는 중요한 포인트다.

내던졌던 주식을 회수하는 유연성도 필요하다

내 팬 투자 인생에서는 한때 반했던 기업이지만 이후에 싫어져서 주식을 전부 팔았다가, 어떤 계기로 다시 팬이 되는 경우도 드물지 않다.

한 예로 나는 메타의 주식을 이른 단계부터 보유하고 있었지만, 메타가 2021년 메타버스 사업에 주력하는 태도를 보인 것을 계기로 전부 매도했다. 메타의 CEO 마크 저커버그의 비전이, 내가 생각하는 메타 트렌드나 팬 투자의 방침을 크게 벗어났다고 느꼈기 때문이다. 단순하게 말하면 '잘 안 되겠는데'라고 느낀 것이다.

실제로 메타의 메타버스 구상에 대한 투자자들의 우려가 높아지고 있었다. 2022년 리얼리티 랩스(메타의 메타버스 부문)의 영업 손실은 137억 달러에 달했다. 주가도 2022년 한 해 동안 64% 하락했다. 결국 메타는 전략을 재검토할 수밖에 없었다.

그 후 메타는 메타버스 노선에 대한 고집을 버리고 AI 분야에 적극적으로 뛰어들기 시작했다. 2023년 2월에는 라마Llama라는 대규모 언어 모델을 발표했다. 같은 해 7월에는 라마2가 오픈소스(무상으로 일반 공개)로 공개되었다. 이 오픈소스화는 특히 놀라웠다. 대규모 언어 모델을 연구자와 개발자들에게 널리 공개해 AI의 발전 속도를 높이고자 하는 목적이 명확히 드러났기 때문이다. 누구나 쓸 수 있도록 함으로써 이른바 AI의 민주화를 선도한 것이다.

또 오픈소스화는 메타를 중심으로 한 AI 개발 시스템이 보급되는 계기가 되었다. 이로써 OpenAI와 구글이 먼저 진출한 AI 시장에서 독자적인 위치를 확립하기 쉬워지기도 했다. 그리고 그전까지 마치 무언가에 홀린 듯 메타버스와 관련된 발언을 쏟아내던 저커버그가 점차 AI의 중요성을 이야기하게 된 것도 좋은 인상을 주었다.

메타버스에서 AI로 중심축을 옮기고 내 팬 활동의 관점에 부합하게 된 지금의 메타는, 한 번 떠났던 내 마음을 다시 끌어당기기에 충분한 기업이 됐다고 할 수 있다. 그래서 나는 메타 주식을 다시 매수했다.

팬 투자에서는 이런 유연성을 발휘해도 좋다고 본다. 팬을 관두고 싶어지면 떠나는 것도 선택지이고, 기업의 전략이나 비전이 달라져서 다시 팬이 되고 싶다고 판단하면 다시 투자하는 일도 충분히 있을 수 있다. 예전으로 돌아가는 일을 주저할 필요는 없다. 중요한 것은 그 시점에서 응원할 수 있는가이다. 과거에 매도했다고 해서 앞으로도 계속 거리를 둘 필요는 없다.

메타 트렌드와 팬 활동이 최강의 투자법

메타 트렌드 투자에는 업계 전체가 성장하므로 그 파도에 올라타는 것만으로 나름대로 수익을 기대할 수 있다는 강점이 있다. 다만 그중에서 10배나 100배로 대박이 날 특정 기업을 정확히 집어내는 것은 다른 이야기다. 메타 트렌드를 제대로 파악했음에도 대박 기업을 놓치는 일은 충분히 있을 수 있다.

 구체적으로 기업을 선택할 때 도움이 되는 것이 팬 투자의 접근법이다. 팬 투자에서는 팬 또는 마니아이기에 가능한 열정과 지식 또는 현장 경험과 직감이 강점이 된다. 프로 애널리스트들은 넓고 얕게 수많은 종목을 추적해야 하지만, 팬 투자자는 좋아하는 기업이나 업종을 한없이 깊게 파고들 수 있다. 좋아하기 때문에 노력을 노력이라고 느끼지 않는 상태에서 지식과 정보를 쌓으며, 게다가 사소한 움직임도 재빨리 포착한다.

또 메타 트렌드 투자는 기본적으로 장기 보유를 전제로 삼는다. 10년 단위의 커다란 변화에 올라타는 것이므로 단기적으로 주가가 요동치는 경우도 적지 않다. 그래도 좋아하는 기업이라면 일시적으로 실적이 침체되거나 시장 전체가 혼란스러워도 '이제부터 시작이야', '여기서 승부를 봐야지'라는 태도로 뚝심 있게 계속 주식을 보유하기 쉽다.

아이돌이 신인일 때부터 팬이었다면, 논란이 생기거나 인기가 떨어져도 쉽게 팬을 관둘 수 없는 것과 마찬가지다. 응원하는 기업이라면 부정적인 보도나 일시적으로 부진한 결산에도 흔들리지 않고 '아직 이 회사에는 성장 잠재력이 있어'라고 단단히 버틸 수 있다.

물론 아무리 메타 트렌드를 분석하고 강한 애정으로 팬 투자를 해도 모든 것이 잘 된다는 보장은 없다. 메타 트렌드라고 생각했던 업계가 새로운 기술의 등장으로 인해 뒤처지기도 하고, 기대했던 기업에 생각지 못한 불상사가 일어날 가능성도 부정할 수 없다.

그래도 전체적으로 보면 '사회의 커다란 변화(메타 트렌드 투자)'와 '좋아하기에 깊이 알고 오래 보유하기 쉬움(팬 투자)'의 조합은 꽤 강력하다. 그리고 이 두 가지를 조합하면 업계 전체의 성장과 개별 기업의 폭발적 성장을 동시에 노리는 일도 충분히 가능하다.

메타 트렌드 없는 팬 활동은 쉽지 않다

1장에서도 이야기했듯 메타 트렌드 투자만 확실하게 실천하면 업계 전체의 성장을 통한 주가 상승을 기대할 수 있다. 10배나 100배로 대박이 날 종목을 예상하지 못하더라도, 2배나 5배 정도의 성장은 충분히 확보할 수 있는 것이 이점이다.

반면 메타 트렌드를 완전히 무시하고 팬 투자에만 주력하면 아무래도 쉽지 않을 것이다. 아무리 좋아하는 기업이라도 그 산업 전체가 축소되는 경향이 있다면 주가 상승은 기대하기 어렵기 때문이다.

가령 전 세계에서 전기차 전환이 일어나고 있음에도 우렁찬 소리가 나는 전통적인 가솔린 엔진 차를 고집하는 자동차 제조사에 팬 투자를 한다면, 업계 전체의 흐름이 시대에 역행하고 있으므로 성장 잠재력을 기대할 수 없다. 업계 전체가 쇠퇴하는 방향을 향하고 있다면 주가가 오히려 크게 하락할 리스크도 있다.

    메타 트렌드의 거대한 조류에 역행하는 기업을 계속 응원하는 것은 투자자로서 리스크가 크다고 할 수 있을 것이다.

팬이 되는 투자의 단점

이제까지 이야기했듯 팬 투자에는 수많은 장점이 있다. 단점은 잘 떠오르지 않지만, 굳이 하나를 꼽자면 애착이 너무 강해서 주식을 팔기 어려워진다는 점일 수 있겠다.

아직 팬이라고 할 만큼 그 기업에 푹 빠진 상태가 아닌 경우, 1년에서 2년 정도 주식을 보유했다가 주가가 시원찮거나 확신이 들지 않으면 주저 없이 놓아줄 수 있다. 그 기업과의 관계가 끈끈하지 않으므로 쉽게 포기할 수 있다.

그러나 진심으로 마음에 들어서 응원하는 기업이라면 주가가 상승했을 때도 매도를 해서 이익을 실현하기 어려워진다. 내 경우 테슬라, 엔비디아, 애플이 그 대표적인 예다. 이미 언제 팔더라도 충분한 이익을 확보할 수 있는 상태인데 매도라는 결단을 내리기가 쉽지 않다.

어릴 때 항상 품에 안고 다니던 자식은 다 자라도 여전히 귀여운 것과 마찬가지다. 투자의 세계에서는 정에 휩쓸려서는 안 된다고들 말하지만, 팬 투자에서는 애정이 너무 커서 객관성을 잃고 냉철한 판단을 내리지 못하게 되는 경우가 많다. 차가운 머리로 판단하기 어렵기 때문에, 가령 주가가 하락하는 국면이라면 손절이 어려울 것이다.

그러나 이것도 뒤집어서 생각하면 장기 보유가 쉽다고도 말할 수 있다. 일시적으로 주가가 하락해도 아직 응원하고 싶은 마음이 원동력이 되어, 쉽게 내던지지 않고 계속 보유한다. 결과적으로 실적이나 주가가 반등할 때까지 진득하게 기다릴 수 있으며, 그 인내가 나중에 보상받는 경우도 있다.

다만 테슬라, 엔비디아, 애플처럼 주가가 대폭 상승한 종목은 얼른 팔고 다른 주식에 투자하는 것이 장기적으로 더 큰 수익을 가져다줄 가능성은 부정할 수 없다. 애착이 크기 때문에 기회를 잃게 되는지도 모른다.

그래도 나는 팬 투자를 계속해 온 것을 후회하지 않으며 앞으로도 계속할 것이다. 기업에 대한 애착에 발목이 잡혀서 주식을 팔기 어려워질 리스크가 있지만, 내게는 그것이 단점이라고 할 정도는 아니고 그 이상의 즐거움, 기쁨, 충만한, 설렘이 있기 때문이다.

나에게 있어서 팬 투자란 내 인생을 풍요롭게 해 주는 소중한 천직이라고 할 수 있을 것이다.

4장

투자 판단의 근거

숫자

적자 기업은 앞으로 몇 년 갈지를 봐라

나는 펀더멘털 분석은 하지 않지만, 투자해 보기로 마음먹은 기업의 펀더멘털은 최소한 확인한다. 어려운 분석을 하는 것은 아니고 꼭 필요한 숫자만 대강 훑어보는 정도다. 구체적으로는 적자 기업인 경우 보유 자금(현금 또는 현금화가 쉬운 자산)이 앞으로 몇 년 갈지 확인한다. 흑자 기업인 경우 PER(주가 수익 비율)을 확인한다.

향후 비약적인 성장이 기대되는 벤처 기업은 적자 경영이 지속되는 사례가 드물지 않다. 오히려 리스크가 높은 만큼 성공했을 때의 보상도 크다. 그러므로 앞으로 주가가 10배, 100배씩 대박이 날 가능성이 있는 기업에 투자하고자 한다면 필연적으로 적자 경영 기업과 만날 기회가 많아진다.

실제로 예전에 테슬라도 거의 매 분기 적자를 기록해 다음 달에는 파산할지 모른다는 비웃음까지 당했다. 그러나 추가 자금 조달(일론 머스크 본인의 돈도 포함해서)을 계속해서 잘해내고 모델 3의 생산을 궤도에 올리면서 무사히 도산 위기를 벗어났으며, 지금은 세계 최상위권의 시가 총액을 자랑하는 거대 기업으로 성장했다.

물론 적자 경영이 장기간 지속되고 보유 자금이 바닥나면 도산을 피할 수 없다. 아무리 메타 트렌드에 올라타서 앞으로 크게 성장할 가능성이 있는 기업이라도 도산하면 다 끝장이다. 그리고 특히 벤처 기업의 세계에서는 사업이 궤도에 오르기 전에 자금이 부족해져서 허무하게 도산하는 일이 결코 드물지 않다.

다만 적자 기업이라도 보유 자금이 풍부하게 남아 있다면 곧바로 도산하는 일은 없다. 그래서 우선 기업의 대차대조표에서 '현금 및 현금성 자산' 항목을 찾아 보유 자금이 얼마인지 확인한다.

다음으로는 손익 계산서 P/L에서 최근 1년간의 최종 손익(적자액)을 파악한다. 그리고 보유 자금을 최근의 최종 손익(적자액)으로 나누면 현재 자금이 앞으로 몇 년 안에 소진될지 계산할 수 있다. 이때 정밀한 계산은 필요 없다. 어디까지나 대략적인 기준으로 사용할 것이므로 근접한 수치만 구해도 괜찮다. 미국 기업의 경우는 연차 보고서 'Form 10-K'에서 이런 정보를 확인할 수 있다.

나는 기준 중 하나로 '이 기업이 현재 자금으로 최소 3년을 버틸까?'를 본다. 3년의 유예가 있으면 그동안 추가 자금 조달이나 비즈니스 모델의 재구축 또는 피벗(사업 내용의 방향을 크게 전환하는 것)을 실시할 수 있기 때문이다. 그동안 경영을 재건해서 흑자 전환을 실현할 가능성은 충분하다.

반대로 앞으로 1년도 버티지 못할 상황이라면 도산의 리스크가 매우 크다. 나는 그렇게 리스크가 큰 기업에 투자할 용기가 없다.

내가 도산의 리스크를 감수하고 굳이 적자 기업에 대한 투자를 검토하는 이유는 향후 크게 성장할 가능성이 있기 때문이다. 다만 그때는 '자금이 고갈되어 도산할 리스크가 있는가?'라는 점을 반드시 확인한다.

비록 적자이지만 커다란 성장 가능성이 숨어 있는 기업을 찾을 때는 '자금 측면에서 최소한 앞으로 3년은 도산하지 않고 계속 달려갈 체력이 있는가?'를 반드시 살펴보자. 이 한 가지만 실시해도 적자 기업에 대한 투자에서 치명적인 손실을 입을 리스크를 크게 줄일 수 있을 것이다.

숫자

흑자 기업은 PER과 성장성을 봐라

이미 흑자화를 달성해서 안정된 이익을 창출하고 있는 기업의 경우, 투자를 검토할 때 확인할 것은 PER과 성장성이다.

PER이란 기업의 한 주당 이익에 대해 현재 주가가 몇 배 수준인지 나타내는 지표다. 시장이 그 기업의 장래 이익 성장을 어느 정도로 평가하는지 반영하는 바로미터 중 하나라고 할 수 있다. 일반적으로 상장 기업 전체 평균 PER은 15배 정도라고 한다. PER이 15배 미만이면 저평가된 종목, 15배 이상이면 고평가된 종목이라고 판단된다.

나는 PER 20배를 하나의 기준으로 삼는다. PER이 20배라면 현재 이익의 20배가 지금의 주가라는 계산이 된다. 이것을 이율로 환산하면 연이율 약 5%에 해당한다. 즉 매년 5%의 이익 성장이 최소한 20년간 계속될 것임을 시장이 예측하고 있다고 해석할 수 있다.

그러므로 어느 정도 경영이 안정된 기업이라면 '매년 5% 정도의 수익은 기대할 수 있겠다'라고 생각하는 하나의 기준이 된다. 이 정도의 PER이라면 현재 주가는 이익에 대해 타당한 수준이라고 판단할 수 있을 것이다.

한편 PER이 50배에서 100배로 터무니없이 높은 수준인 기업들도 있다. 이런 기업은 향후 급격한 성장이 기대되고 그것이 주가에 반영되었다고 해석할 수도 있다. 그러나 현재 이익 수준과 비교하면 명백히 고평가되었다고 할 수밖에 없다.

이렇게 PER이 높은 기업에 투자하는 경우는 성장률과 장래성을 신중히 살펴서 정말로 그 주가에 걸맞은 지속적 성장을 기대할 수 있는지 확인할 필요가 있다.

특히 기업 규모가 크고 매출도 안정되어 있으며 이미 높은 시장 점유율을 획득했음에도 PER이 높은 기업은 주의할 필요가 있다. 그 높은 PER은 시장의 기대가 과열되어 기업의 실력 이상으로 주가를 밀어올린 데서 나왔을 가능성이 높기 때문이다. 나는 이런 기업에 대한 투자를 기본적으로 피한다.

예외는 아마존이었다. 아마존은 이익을 내지 못한다는 도시 전설이 마치 진실처럼 떠돌아다녔다는 사실을 아는가? 닷컴 버블 붕괴 후에도 아마존은 매출이 계속 상승했다. 그럼에도 결산 결과는 적자거나, 흑자라도 이익이 미미했던 시기가 장기간 계속됐다.

이것은 당시 CEO였던 제프 베이조스의 명확한 경영 전략에 기반을 두고 있었다. 베이조스는 눈앞의 이익을 추구하는 것이 아니라, 장래의 성장을 위해 이익을 줄여서라도 물류망 구축과 클라우드 사업 AWS 등의 인프라 투자 그리고 신규 사업 투자를 적극적으로 실시하기로 선택했다.

그 결과 아마존의 PER은 오랫동안 비정상적으로 높아 보였다. 그러나 나는 '앞으로 매출 확대와 서비스 가치 향상을 통해서 언젠가 커다란 이익을 창출할 것이다'라고 판단하고 기꺼이 투자했다. 아마존은 특수한 사례이지만, 이 사례가 품은 의미는 설령 PER이 50배에서 100배의 높은 수준이라도 그 기업의 장래성을 확신한다면 투자할 수도 있다는 것이다.

반대로 PER이 10배 미만인 낮은 수준이라면 얼핏 보기에는 실제 가치보다 저렴하다고 생각할 수 있다. 그러나 왜 시장이 그 기업의 장래성을 그 정도로 낮게 평가하는지 확인할 필요가 있을 것이다.

애초에 업계 전체가 쇠퇴하고 있는 것인지, 경영진이 투자자들의 신뢰를 받지 못하는 것인지, 시장이 그 기업의 성장성을 전혀 기대하지 않는 것인지…. PER이 낮은 이유를 조사해서 시장이 실수로 저평가하고 있을 뿐이라는 명확한 근거가 나오지 않는 한, 안이

하게 뛰어들어서는 안 된다. 저렴하다고 해서 무심코 매수하면 주가가 계속 하락하는 밸류 트랩에 빠져 생각지 못한 손실을 입게 될 수 있다.

중요한 것은 PER 자체뿐만 아니라 그 기업의 성장률과 균형이다. 아마존처럼 예외적인 사례도 있고, 급성장 중인 벤처 기업이라면 PER이 50배, 100배라도 장래의 성장성에 따라 충분히 정당화되는 경우도 있다.

한편, 성숙한 기업이고 경영이 안정되어 있다면 PER은 20배 정도에서 크게 벗어나지 않아야 안심할 수 있다. 그런 의미에서는 안정성과 성장성을 겸비한 우량 기업임에도 PER이 시장 평균보다 낮다면 커다란 성장 잠재력이 있다고 할 수 있다.

물론 ROE(자기 자본 이익률)나 FCF(잉여 현금 흐름) 등 기업의 재무 상황, 수익성, 성장성을 측정하는 지표는 많다. 그러나 시작부터 이 모든 지표를 쫓아다니다 보면 정보가 과다해서 혼란스러워질 뿐이다. 또 아무리 자세히 분석한다 해도, 미래를 정확히 예측할 수 있는 사람은 아무도 없다. 나도 투자를 판단할 때 숫자를 그렇게까지 자세히 들여다보지는 않는다.

이처럼 아주 기본적인 숫자만 확인해도 도산 리스크가 높은 지뢰 기업, 장래성에 맞지 않게 고평가된 기업은 어느 정도 피할 수 있다.

> 숫자

경쟁사는
철저히 분석할 필요 없다

나는 투자를 판단할 때 경쟁 기업의 동향을 그다지 중시하지 않는다.

가령 테슬라에 대한 투자를 검토한다면 '전기차 업계의 경쟁자인 BYD, 포드, GM 등의 경영 상황과 전략을 자세히 정리하고 비교한다'라는 접근법이 일반적인 투자 원칙일 것이다. 물론 경쟁사를 분석하는 일 자체는 투자 판단의 정밀도를 높이는 데 효과적인 수단 중 하나임이 분명하다. 그러나 팬 투자에서는 투자 판단의 출발점이 근본적으로 다르다.

테슬라를 예로 들면 '이 회사는 자동차 업계에 혁명을 일으킬 엄청난 가능성을 품고 있다!'라고 직감적으로 마음이 움직인 것이

내 투자의 최대 동기다. 상세한 재무 데이터나 시장 분석을 들여다보기 전에 '이건 매수할 수밖에 없지'라는 일종의 벅찬 마음이 나를 밀어붙인 것이다.

물론 마치 사랑에 눈이 멀듯 기업에 반해 버리면 냉철한 판단력을 잃고 잘못된 투자 판단을 내릴 위험이 생긴다. 그래서 나는 만약을 위해 경쟁 기업의 상황을 대략적으로 확인해 둔다. 다만 내 경쟁사 분석은 'A사와 B사의 경영 지표와 전략을 철저히 비교 검토해서 어느 쪽이 더 좋은 투자 대상인지 엄밀한 평가를 내린다'라는 전체적이고 상세한 분석은 아니다.

이를테면 내가 주목하는 기업의 보유 자금과 적자액을 경쟁사와 대강 비교해 보는 정도다. 이때 그 기업의 적자액이 경쟁사보다 유난히 많다는 사실이 드러나면 아무래도 '이 기업에 대한 투자 리스크는 생각보다 클지도 모르겠군. 다시 한 번 차분하게 생각해 볼 필요가 있겠어'라고 느낄 것이다.

반대로 그 기업만이 대규모 자금 조달에 성공해서 풍부한 자금을 바탕으로 경쟁사보다 빠르고 착실하게 연구 개발을 진행 중이라는 사실이 드러나면 '역시 내 첫 직감은 별로 틀리지 않았어'라고 안심하며 확신을 키워 나갈 것이다.

내게 경쟁사 분석은 숫자나 시장 점유율을 기계적으로 비교해서 투자의 우열을 결정하기 위해 실시하는 것이 아니다. 어디까지나 '내가 선택한 기업에 대한 열정이 일방적인 착각은 아닌가?',

'너무 열광한 나머지 냉철한 판단력, 객관적인 시각을 잃지는 않았나?'라는 부분을 객관적으로 확인하기 위한 보험의 역할이다.

나는 펀드 운용 성적을 가지고 경쟁하는 '숫자를 좋아하는 애널리스트'가 아니라, 내가 팬인 기업의 성장과 성공을 진심으로 바라는 투자자다. 그러므로 아무래도 기업에 대한 열정이 앞서서 객관적인 시각을 잃기 쉽다. 그렇기에 너무 멀리 나가지 않았는지 스스로를 돌아보고 냉철한 시각을 의식적으로 유지하도록 노력하고 있다.

―― 숫자 ――

수치가 아닌
실제 경험 데이터가 중요하다

보유 자금과 PER이라는 객관적인 데이터에 기반을 둔 분석은 투자 판단에 매우 중요하다. 그러나 동시에 실제로 제품이나 서비스를 사용해 보는 일, 오감으로 경험해 보는 일도 매우 중요하다고 생각한다.

실제로 제품이나 서비스를 접해 보고, 소비자로서 이용해 봐야만 얻을 수 있는 정보가 있다. 생생한 사용감, 써 봐야 비로소 발견하게 되는 숨겨진 과제가 반드시 존재하기 때문이다. 이런 부분은 기업 웹사이트에 있는 제품 스펙, IR 자료에 공개된 재무 데이터만으로는 결코 알 수 없다.

반대로 공식 정보만으로는 알 수 없는 압도적인 쾌적함, 사용자를 끌어당기는 매력을 실감하고 '이 제품·서비스는 대박이 날 가능성이 있다'라는 확신을 굳히는 일도 있을 것이다.

최근 사례로는 2024년 일본 스타트업 '다이니'가 약 74억 6천만 엔이나 되는 자금 조달을 해냈다는 화제의 뉴스가 있다. 다이니는 음식점용 QR 코드를 활용한 모바일 주문 시스템을 개발하고 제공하는 기업이다.

중국에서는 음식점 테이블에 설치된 QR 코드를 스마트폰으로 읽어 들여 메뉴 보기, 주문, 결제를 모두 처리하는 시스템이 이미 널리 보급되어 있다. 인력 부족으로 고민하는 일본의 음식점에도 이런 시스템이 보급될 가능성이 매우 높다. 오히려 아직 보급되지 않은 것이 더 이상하다. 그래서 다이니는 내가 강력하게 주목하는 존재 중 하나다.

앞으로 다이니가 주식을 상장하고 나도 본격적으로 투자를 검토하게 되면, 우선 다이니의 모바일 주문 시스템을 도입한 음식점에 가서 실제로 서비스를 경험해 볼 것이다. 그 시스템을 통해 '손님과 점원 간 소통이 어떻게 변할 것인가?', '주문은 원활하고 정확하게 이루어지는가?', '결제 방법은 쉽고 간편한가?' 등 실제 소비자로서 이용해 볼 때 비로소 알게 되는 중요한 포인트가 많이 있을 것이다.

특히 IT 서비스에서는 UI와 UX가 서비스의 보급, 나아가 기업의 성장을 크게 좌우한다고 해도 과언이 아니다. 아무리 혁신적인 기술을 도입하고 뛰어난 기능을 갖춘 서비스를 개발한다 해도, 일반 소비자가 사용하고 이해하기 힘들다고 느낀다면 서비스의 보급과 장기적인 성장은 어려워진다.

그렇기에 투자자가 고객의 입장이 되어 '실제 사용자는 그 서비스를 스트레스 없이 잘 사용하고 있는가?', '정말로 편리하다고 느끼고 계속 이용하고 싶어 하는가?' 등의 측면을 현장에서 경험해 볼 필요가 있다.

실제로 내가 테슬라 주식에 투자하기로 결정한 계기도 모델 X의 시승이었다. 웹사이트나 입소문만으로는 알 수 없는 압도적인 가속감과 선진적인 UI의 매력을 시승에서 경험한 순간 '이건 대단하다!'라고 확신하고 구입과 투자에 나선 것이다.

다이니 같은 음식점 주문 시스템이라면 적은 비용으로 가볍게 사용해 볼 수 있다. 또 어느 정도 가격이 있는 상품이라도 그 기업에 대한 투자를 검토하고 있다면 실제로 구입해서 사용해 볼 가치가 있을 것이다. 만약 구입한 상품이 마음에 들지 않는다고 판단하면 중고로 판매할 수도 있다.

전기차처럼 비싼 물건이라면 덜컥 구입하기 전에 우선 시승 등을 해 보는 것이 좋다. 투자자가 실제 자신의 눈으로 보고, 만져 보고, 경험해 봐야 한다. 실제로 써 보면 숫자로 된 데이터만으로는 알 수 없는 기업과 제품·서비스의 진정한 모습 그리고 장래성을 이해할 수 있게 된다.

수십만 엔, 수백만 엔의 투자를 검토 중이라면 수천 엔, 수만 엔 정도의 지출은 앞으로 커다란 수익을 얻기 위한 경비 지출이라고 할 수 있다. 가능한 한 투자 기업의 실제 제품이나 서비스를 접해 보고 소비자로서 경험을 쌓기 바란다. 백문이 불여일견이라는 말은 투자의 세계에서도 진실이다.

CEO

카리스마란 무엇일까?

훌륭한 경영자 중에는 카리스마가 있다는 평을 듣는 인물들이 있다. 그러면 그 카리스마란 구체적으로 어떤 능력일까?

내 생각에 카리스마는 '현실 왜곡 공간'을 만들어내는 능력이다. 원래 스티브 잡스의 특이한 재능을 표현하기 위해 썼던 이 말을 만든 사람은 초기 매킨토시 개발 팀의 주요 팀원이었던 앤디 허츠펠드로 알려져 있다. 허츠펠드에 따르면 잡스는 주변 사람들에게 마치 현실 그 자체가 뒤틀린 듯한 착각을 줄 만큼 강력한 영향력을 미쳤다고 한다.

실제로 잡스의 이야기를 들은 엔지니어, 투자자, 사용자들은 불가능하다고 생각한 일이 어쩐지 실현될 것 같은 기분을 느꼈다.

그리고 어느새 근거 없는 자신감과 저항할 수 없는 희망을 품고 잡스가 만들어내는 왜곡된 현실 공간 속으로 이끌려 들어갔다.

이것은 바꾸어 말하면 사람들의 인식과 상식을 뒤집을 만큼 미래를 향한 가능성을 강렬하게 호소하는 힘이다. 그리고 단순한 화술이나 프레젠테이션 능력을 초월해, 주변 사람들이 '이 사람이라면 불가능을 가능하게 만들 능력이 있다'라고 생각하게 만드는 압도적인 설득력의 총체라고 할 수 있다.

이렇게 현실 그 자체가 뒤틀린 듯한 공간이 형성되면 우수한 엔지니어, 투자자, 나아가 전 세계의 미디어가 매혹된다. 그러면서 '이 경영자와 함께라면 기존의 상식을 파괴하는 새로운 미래를 그려낼 수 있지 않을까?' 하는 커다란 기대와 열광이 생겨난다. 그리고 그 열광이야말로 불가능을 가능에 근접시키는 커다란 에너지가 된다. 잡스를 위해 이 말이 생겨났다는 데서도 알 수 있듯, 잡스는 현실 왜곡 공간을 만들어내는 천재였다.

청중을 끝없이 매료시키는 잡스의 탁월한 프레젠테이션 능력, 일절 타협하지 않고 아주 세밀한 부분까지 정성을 쏟은 제품에 대한 잡스의 열정이 수많은 우수한 엔지니어, 재능 넘치는 디자이너 그리고 혜안을 가진 투자자들을 불러 모았다.

그 결과가 맥의 세계적인 대히트, 아이폰이 통신 업계뿐만 아니라 사람들의 라이프스타일에 일으킨 대변혁으로 이어졌다. 맥은 컴퓨터의 조작 개념에 혁명을 일으켰고, 아이폰은 통신 업계를 근본부터 뒤집어 전 세계 사람들의 라이프스타일까지 바꾸어 놓았다. 이런 장대한 성과를 보면 잡스가 현실을 왜곡할 정도의 마력을 가졌음을 새삼 깨닫게 된다.

현재의 카리스마적 경영자로는 일론 머스크를 빼놓을 수 없다. 머스크는 2050년까지 100만 명을 화성으로 이주시키겠다는 터무니없는 비전을 제시했다. 다른 사람이 그렇게 했다면 '당연히 농담이겠지', '언젠가 좌절될 거야'라며 허풍 취급을 받았을 것이다.

그러나 머스크가 진지한 눈빛으로 열의를 담아 이야기하면 어쩐지 그런 미래가 당연히 찾아올 것처럼 여겨지니 신기할 따름이다. 다른 사람이 말하면 그저 웃어넘길 듯한 거창한 목표도 머스크가 말하면 '어쩌면 실현될지도 몰라'라고 진심으로 믿게 된다. 이것이야말로 현실 왜곡 공간의 창출이라고 할 수 있다.

게다가 일론 머스크의 경우 스페이스X를 통해 기존에 일회용이었던 로켓을 회수한 후 재사용하는 위업을 달성했다. 테슬라를 통해서도 전기차 업계의 선두에 서서 전기차 전환을 현재 진행형으로 일으키고 있다. 기존의 상식으로는 불가능하거나 시기상조로 여겨지던 일을 차례차례 현실로 만들어 온 것이다.

그 확실한 실적이 머스크의 현실 왜곡 공간을 만들어내는 능력, 다시 말해 현실 왜곡 능력을 더욱 굳건하게 만들어서 전 세계의 우수한 인재와 막대한 자금을 모으는 강력한 원동력이 되고 있다.

그리고 이 현실 왜곡 능력은 결코 실리콘밸리의 천재 경영자들만이 갖춘 특별한 능력은 아니다. 일본의 소니와 혼다가 아직 소규모 공장이었던 시절. 소니의 창업자 모리타 아키오와 이부카 마사루, 혼다의 창업자 혼다 소이치로는 당시 상식으로는 무모하다고 여겨졌던 장대한 비전을 내세웠다.

소니의 비전은 '전 세계 사람들이 누구나 아는 글로벌 브랜드가 되어 전 세계 가정에 소니 제품을 공급한다', 혼다의 비전은 '세계 최고의 경기에서 우승하는 세계 최고봉의 자동차와 오토바이를 만들겠다'였다.

이처럼 당시 사람들의 기준으로는 상식을 벗어났다고도 할 수 있는 거창한 꿈에, 수많은 우수한 인재가 공감하고 자금이 모여들었다. 그 결과 소니와 혼다는 세계적인 기업으로 도약했다. 현재 일본에도 소프트뱅크 그룹의 손정의, 유니클로의 야나이 다다시처럼 강력한 카리스마를 발휘하며 한 세대 만에 대기업을 만들어낸 리더들이 존재한다.

CEO

벤처 기업에 필수인
현실 왜곡 능력

현실 왜곡 공간을 만들어내는 능력, 즉 현실 왜곡 능력은 벤처 기업의 비약적인 성장을 좌우하는 매우 중요한 요소다.

벤처 기업에 자금이란 혈액과도 같다. 제품 또는 서비스의 개발, 우수한 인재의 채용, 마케팅 등을 통해 사업을 궤도에 올리고 성장시켜 나가기 위해서는 역시 다른 무엇보다도 자금이 필요하다. 그러나 아무리 혁신적인 아이디어나 뛰어난 기술을 가지고 있다 해도 창업한 지 얼마 되지 않은 벤처 기업은 실적과 신용이 부족하다. 금융 기관에서 융자를 받기도 쉽지 않다.

이럴 때 큰 역할을 하는 것이 벤처 캐피털과 엔젤 투자자라는 소위 프로 투자자들이다. 특히 벤처 캐피털은 기업의 사업 계획, 시장의 장래성, 경쟁 우위성 등을 프로의 시각에서 엄격히 심사한다. 그리고 큰 성장이 기대된다고 판단하는 기업에만 투자한다.

일반적으로 벤처 기업은 우선 수만 달러에서 수십만 달러, 경우에 따라서는 수백만 달러 규모의 자금을 벤처 캐피털이나 엔젤 투자자 등에게서 조달해 제품 또는 서비스의 프로토타입을 개발하거나 정식 출시한다. 그 후 시장에서 실제로 소비자들이 그 제품 또는 서비스를 이용하고 수용하면서 실적이 생기고, 더 큰 규모의 자금이 조달되면서 사업을 확대해 나가는 것이 전형적인 성장 과정이다.

그러나 이 성장 과정은 결코 쉬운 길이 아니다. 애초에 신규 사업이 정말로 성공할지 아닐지는, 뚜껑을 열어 보기 전에는 아무도 확실하게 약속할 수 없기 때문이다. 개발한 제품이나 서비스가 실제로 시장에서 수용될 것인지는 출시해서 소비자의 반응을 보기 전에는 확실히 알 수 없다.

게다가 데이터나 실적을 통해 '그 영역에서 애초에 비즈니스 기회가 존재하는가'라는 시장 자체의 존재와 가능성을 객관적으로 증명하는 일도 매우 어렵다. 벤처 캐피털의 앞에는 사업 자체의 불확실성과 시장의 불확실성이라는 두 개의 높고 튼튼한 벽이 가로막고 있다.

이 벽들을 넘어 투자자들의 돈을 조달하기 위해서는 '우리는 이 사업을 통해 세상을 이렇게 변혁하고 싶다'라는 굳센 신념과 열정 그리고 그것을 주변 사람들에게 전파해 공감과 협력을 얻어내는 능력이 반드시 필요하다.

현실 왜곡 능력이 뛰어난 CEO는, 설령 현시점에서는 실현하기 어렵다고 여겨지는 장대한 비전이라도 강력한 열정과 압도적인 설득력을 가지고 설파해서 주변을 끌어들여 실현에 점점 접근시킨다.

그리고 그런 리더의 모습은 벤처 캐피털과 엔젤 투자자에게 '이 경영자라면, 이 팀이라면 난관을 극복하고 무언가 엄청난 일을 실현할지도 모른다'라는 커다란 기대를 안겨줌으로써 리스크를 감수하고라도 투자할 가치가 있다고 판단하게 만든다. 다시 말해 벤처 캐피털과 같은 투자자들은 단순한 사업 계획서 속의 숫자나 탁상공론이 아니라 경영자의 인성 그리고 그 비전과 열정에 투자한다.

반대로 사업 아이디어가 아무리 훌륭하더라도 무엇을 이룩하고 싶은지에 대한 비전 또는 목적이 불명확하거나, 경영자가 열정을 가지고 자기 자신의 말로 비전을 이야기할 줄 모른다면 벤처 캐피털도 투자를 망설일 것이다. 말하자면 벤처의 장래성은 경영자의 현실 왜곡 능력과 떼려야 뗄 수 없다.

CEO

적자 벤처야말로
현실 왜곡 능력이 필수

현실 왜곡 능력은 특히 적자 경영이 계속되는 벤처 기업의 경영자에게 더욱 강력하게 요구되는 능력이다.

많은 벤처 기업이 사업 초기 단계에서 적자 경영이라는 냉혹한 현실을 마주할 수밖에 없다. 벤처 기업이 비약적으로 성장하기 위해서는 거기에 상응하는 리스크를 감수한 대규모 선행 투자가 필요하다. 미래 성장의 씨앗이 될 최첨단 기술을 개발하고, 우수한 인재를 모으고, 제품 또는 서비스를 세상에 널리 공급하기 위한 효과적인 마케팅과 홍보 활동에 자금을 투입해야 한다.

그래서 사업이 궤도에 오르고 충분한 이익을 창출할 때까지는 적자 경영이 계속되는 일이 드물지 않다. 어떤 의미로는 대규모 성장을 목표로 삼는 벤처 기업의 피할 수 없는 숙명이라고도 할 수 있다. 다만 그 적자는 향후의 성장을 만들어내기 위한 투자이며, 바꾸어 말하면 미래의 커다란 비약을 위한 준비 단계인 경우가 많다.

그 적자 기간을 어떻게 이겨내야 할까? 구체적으로 말하면 어떻게 투자자의 자금을 끌어오고 사업을 지속시킬 것인가? 그때 성공을 좌우하는 것이 바로 현실 왜곡 능력이다.

— CEO —

카리스마적 경영자는
종교 지도자와 같다

경영자가 압도적인 카리스마를 발하는 경우 "마치 종교 지도자 같다"라는 야유가 나오는 경우가 있다. 생각해 보면 카리스마적 경영자와 종교 지도자는 믿음을 끌어내는 능력을 원동력으로 삼아 사람들을 이끌고 미래를 창조한다는 점에서 놀랍도록 많은 공통점이 있다.

애초에 종교란 무엇일까? 그리고 어째서 이토록 오랜 세월 동안 수많은 사람들의 마음을 사로잡아 사회에 영향력을 계속 행사해 온 것일까?

그 이유 중 하나는 과학이나 논리로는 설명할 수 없고 인간의 힘으로는 거스를 수 없는 현상에 대해 사람들을 안심시키고 기댈 곳을 제공했기 때문으로 여겨진다. 종교는 인간의 힘으로는 어쩔 수 없는 자연재해와 역병의 유행 등에 대해 신의 힘이나 영적 존재라는 초월적 개념을 이용해서 사람들의 불안을 달래 줬다.

예를 들어 '신이 노해서 가뭄이 들었다'라는 사고방식은 뒤집어 보면 '신에게 기도하면 비가 내릴지도 모른다'라는 희망으로도 연결된다. 이렇게 지푸라기라도 붙잡는 심정이 종교의 근원적인 부분이며, 그 긴 역사를 지탱해 온 요인 중 하나라고 나는 해석한다.

물론 현대 사회에서는 과학 기술이 눈부시게 발전해서 자연재해의 예측과 대책, 전염병 메커니즘의 규명 등 옛날에 신의 영역으로 여겨졌던 일에도 인간의 손길이 닿고 있다. 그럼에도 왜 사람들은 여전히 종교를 필요로 하는 것일까?

인간은 불확실한 미래나 피할 수 없는 죽음처럼 알 수 없는 것, 스스로는 통제할 수 없는 현상에 대해 본질적으로 강한 불안을 품는 존재이다. 한 예로 기독교와 불교를 비롯한 많은 종교에서는 죽음 이후의 세계에 대해 다양한 방식으로 설명하고 있다. 천국이나 극락, 윤회 등의 개념은 사람들이 품는 '죽으면 어떻게 될까?', '죽으면 다시는 만날 수 없는 걸까?'라는 근원적인 불안에 대해 안심이라는 이름의 기댈 곳을 제공한다.

반대로 많은 사람들에게 '사후 세계 따위는 존재하지 않는다', '죽으면 의식도 사라지고 무가 된다. 그리고 흙으로 돌아갈 뿐이다'라는, 어떤 의미에서는 현실적이고 냉정한 말은 받아들이기 어렵다. 사람들은 그러한 가혹한 현실을 직시하거나 믿고 싶어 하지 않는다.

성경에 있는 '믿는 자는 구원을 얻는다'라는 말은 종교의 본질을 매우 잘 나타내고 있는 표현이라고 할 수 있다. 그리고 이 구조는 비즈니스 세계, 특히 카리스마적 경영자가 이끄는 기업에서도 매우 비슷한 형태로 작동한다.

그 예로 애플의 스티브 잡스는 '기술로 세상을 바꾼다'라는 비전을 내걸었고, 테슬라의 일론 머스크는 '세계가 지속 가능한 에너지로 더 빨리 전환하도록 한다'라는 사명을 표방하고 있다.

이러한 거대한 비전과 사명은 직원, 고객, 투자자의 마음을 강하게 사로잡고 강렬한 공감을 불러일으킨다. 단순한 기업의 슬로건이 아니라 믿는 사람들에게 행동 지침이나 희망이 되고 있다는 점에서 종교의 구조와 매우 비슷하다.

흥미로운 점은 아이폰이나 테슬라 자동차를 개별적인 사양, 예를 들어 카메라의 성능이나 주행 거리만 놓고 본다면 반드시 경쟁 제품보다 압도적으로 뛰어나다고는 할 수 없다. 그러나 실제로 그 제품을 손에 쥐어 보거나 혹은 운전해 보면 거기에는 말로 설명하기 어려운, 사용자를 끊임없이 끌어당기는 무언가가 있는 것도 사실이다.

많은 사용자가 '애플 제품에는 영혼이 깃들어 있다', '테슬라 자동차에서는 다른 제조사에는 없는 미래를 느낄 수 있다'와 같은,

언뜻 보면 비논리적으로도 보이는 표현을 통해서 그 매력을 열정적으로 이야기한다. 그것이야말로 바로 '믿는 자는 구원을 얻는다'라는 말이 상징하는, 어떤 의미에서는 좋은 쪽으로 왜곡된 현실, 즉 현실 왜곡 공간이 존재하고 있다는 증거인 것이다.

사용자는 단순히 제품의 기능이나 성능뿐만 아니라 그 제품이 지닌 스토리와 기업이 내세우는 비전 그리고 '세상을 더 나은 곳으로 만들고자 한다'라는 기업의 강한 의지에 공감하며 그 속에서 가치를 발견한다.

카리스마적 경영자는 선견지명, 통찰력, 실행력을 두루 갖춘 뛰어난 리더임이 틀림없다. 한편 그들을 심취 수준으로 지지하는 사람들이 모여들면서 종교에 가까운 열광적인 커뮤니티나 신앙에 가까운 상황이 생겨나는 것도 사실이다. 잡스의 주변에 현실 왜곡 공간이 존재한다는 것은 그러한 지지자들의 경건함이나 맹신이라고도 할 수 있는 열기를 상징한다.

애플의 열성 팬이 애플 신자라고 놀림받는 경우가 있다. 이것은 그들이 기업이나 제품뿐만 아니라 잡스가 그려낸 비전과 가치관 자체를 신봉하고 있다는 점에서, 어떤 의미로는 정확한 표현이라고 할 수 있다. 이러한 신앙심을 동반한 열광은 종교와 카리스마적 경영자 양쪽 모두에게 공통적으로 존재한다.

CEO

카리스마와 사기꾼은
종이 한 장 차이

카리스마적 경영자라고 불리는 사람들은 마치 종교의 교주와도 비슷한 신비로운 아우라를 발하며, 평범한 사람은 상상조차 하지 못할 장대한 비전을 이야기한다. 듣는 사람을 매료시키고 가슴 벅차게 만드는 탁월한 화술 그리고 압도적인 흡입력으로 시장에서 확고한 위치를 구축하고 투자자들에게서 거액의 자금을 모아들인다.

그러나 한편으로 사업의 초기 단계에서는 비전이 실현된 미래나 비즈니스의 성과를 객관적으로 입증하는 것이 어렵다. 그럼에도 불구하고 거창한 비전과 능숙한 화술로 자금을 모으는 모습은, 관점에 따라서는 사기꾼과 종이 한 장 차이라고도 할 수 있다.

이 문제를 생각할 때 혈액 검사 벤처 기업 테라노스Theranos의 창업자 엘리자베스 홈즈의 사례는 시사하는 바가 매우 크다. 홈즈는 소량의 혈액으로 200종류 이상의 질병을 신속하고 저렴하게 진단할 수 있는 혁신적인 의료 기술을 개발했다고 주장하며 실리콘밸리의 저명한 투자자들로부터 7억 달러 이상을 조달했다. 기업 가치는 한때 90억 달러에 이르렀다.

홈즈는 트레이드마크인 검은색 터틀넥을 입고, 스티브 잡스를 연상시키는 강렬하고 설득력 있는 프레젠테이션을 통해 테라노스의 기술 우위와 장래성을 열정적으로 이야기했다. 그 강력한 카리스마와 뛰어난 화술은 많은 사람들을 매료했고, 대형 드러그스토어 체인인 월그린과 대규모 파트너십 체결을 성사시켰다. 그야말로 현실 왜곡 공간을 만들어내고 있었다고도 할 수 있다.

홈즈의 말을 믿고 테라노스에 투자한 사람들은 그녀가 의료 업계에 혁명을 가져올 구세주가 되어 인류의 건강과 복지에 크게 기여할 것이라 기대했다. 그러나 현실은 홈즈의 꿈같은 이야기와는 크게 달랐다. 홈즈가 주장한 혁신적인 기술은 실제로는 존재하지 않았고, 검사 장비 개발은 진척이 없었으며, 검사 결과의 정확성도 극히 낮았다.

그리고 결국 투자자와 제휴사 그리고 환자들을 속였다는 사실이 드러나 홈즈는 사기죄로 유죄 판결을 받고 징역 11년의 형을 선고받았다. 테라노스는 2018년에 해체되었다.

만약 홈즈가 내세운 소량의 혈액으로 200종류 이상의 질병을 검사할 수 있는 기술이 실제로 구현되었다면 의료의 모습을 크게 바꾸는 역사적인 위업이 되었을지도 모른다. 그러나 그것을 기술적 또는 사업적으로 증명하지 못했기 때문에 법적으로는 물론 사회 통념상으로도 사기라고 단죄된 것이다.

엘리자베스 홈즈와 대조되는 인물이 스티브 잡스다. 잡스는 장대한 비전대로 실제로 사람들의 라이프스타일을 극적으로 변화시키는 혁신적인 제품을 잇달아 세상에 내놓으며, 애플을 시가 총액 세계 최상위급의 기업으로 성장시켰다.

그러나 만약 잡스가 맥을 단순한 꿈 이야기로, 아이폰을 그림의 떡으로 끝냈다면 어떻게 되었을까? 구체적인 성과를 보여주지 못하고 많은 투자자와 협력자 그리고 사용자의 기대를 저버리는 결과가 나왔다면 엘리자베스 홈즈와 마찬가지로 사기꾼이라고 불리며 맹렬하게 비판받았을 가능성을 부정할 수 없다.

잡스가 카리스마적 경영자로 칭송받는 것은 거창한 비전을 내세우기만 한 것이 아니라, 그것을 현실로 만들고 많은 사람들의 생활을 송두리째 바꾸었기 때문이다. 다시 말해 '미래는 이렇게 될 것이다', '우리는 세상을 바꿀 것이다'라고 아무리 큰소리를 치고 주변을 열광시켰다 하더라도, 그것을 실제로 구현하고 비즈니스로 성립시키며 사회에 가치를 제공할 수 있었는지가 평가의 갈림길이 된다.

카리스마적 경영자의 현실 왜곡 능력은 양날의 검이다. 투자자에게는 이 종이 한 장 차이를 가려낼 수 있는 냉철한 통찰력이 요구된다. 카리스마라는 환상에 현혹되지 않고, 그 실체를 간파하는 안목을 갖춰야 투자에 성공할 수 있다.

CEO
카리스마의
빛과 그림자

현실 왜곡 능력의 어두운 면에 대해서도 조금 이야기해 보겠다.

공유 오피스 기업 위워크WeWork가 불러온 한때의 열광과 그 후의 급격한 몰락은 카리스마적 경영자가 지닌 현실 왜곡 능력의 빛과 그림자 그리고 그 마력과 위태로움을 여실히 보여준다.

위워크는 창업자 애덤 뉴먼의 강렬한 카리스마와 정교하게 연출된 스토리텔링에 힘입어, 초기에는 단순한 공유 오피스 사업자가 아니라 기술의 힘으로 사람들에게 완전히 새로운 근무 방식과 새로운 커뮤니티를 제공하는 차세대 플랫폼 기업으로 주목을 받았다. 당시로서는 혁신적이고 화려하며 장대한 비전을 내걸고 사업을 빠르게 확장해 나간 것이다.

위워크는 한때 공유 오피스 사업의 대명사가 되었고 우버Uber나 에어비앤비Airbnb와 함께 공유 경제의 기수이자 시대의 총아로 추앙받았다. 특히 손정의가 이끄는 소프트뱅크 그룹은 위워크의 장래성에 유달리 큰 기대를 걸었다. 그리고 누적 185억 달러라는, 벤처 기업 투자로서는 전례 없는 막대한 자금을 투입했다. 2019년 1월에는 시가 총액이 한때 470억 달러에 이르렀고, IPO(기업 공개)에 대한 기대가 역사상 유례없을 정도로 부풀었다.

그러나 2019년에 예정된 IPO를 앞두고 사업 내용과 재무 정보의 상세한 공개가 요구되는 단계에 이르자 위워크의 내막이 점차 드러났다. 그리고 그동안 위워크에 열광하던 투자자들은 서서히 현실로 돌아오며 열광에서 깨어나기 시작했다.

위워크의 재무 상황을 면밀히 들여다보는 과정에서 2018년의 적자 규모가 19억 달러에 달하며, 2019년 상반기의 순손실도 9억 달러에 이르는 것으로 밝혀졌다. 이로 인해 시가 총액은 순식간에 약 150억 달러로 폭락하고 말았다.

애초에 공유 오피스 사업의 본질은 부동산 소유자로부터 장기 계약으로 빌린 사무실 공간을 이용자에게 더 짧은 기간으로 다시 빌려주는, 이른바 재임대에 가까운 비즈니스 모델이다. 이 모델 자체는 결코 새로운 것이 아니며 기존의 공유 오피스 업체들도 채택해 온 방식이다. 그리고 그 수익률은 상당히 낮아서, IT 기업이나 소프트웨어 기업처럼 폭발적인 성장을 이어 나갈 수 있는 모델과는 근본적으로 다르다.

 그럼에도 뉴먼은 위워크를 마치 소프트웨어 업계의 SaaS(이용자가 인터넷을 통해 소프트웨어를 사용할 수 있는 클라우드 기반 서비스 형태) 비즈니스처럼 고성장·고수익 사업으로 운영할 수 있다고 주변에 교묘한 말로 선전했다. 그렇게 해서 기술 기업으로서의 과대평가가 반영되었고 IPO 이전의 평가액은 무려 290~360억 달러에 달했다.

 더 나아가 뉴먼의 거버넌스 측면 문제도 잇따라 드러났다. 뉴먼이 자신이 보유한 부동산을 위워크에 임대하고 있었던 사실, 그리고 창업자인 뉴먼을 비롯한 두 사람이 사전에 취득한 '위We'라는 상표를 위워크에 600만 달러에 팔았던 사실 등이 잇달아 밝혀졌다.

 이해 충돌이자 회사 자금의 사적 유용으로 볼 수 있는 불투명하고 부적절한 자금 흐름이기 때문에 뉴먼은 큰 비판을 받았다. IPO 직전에 이르러서야 투자자들은 마침내 현실 왜곡 능력의 최면에서 깨어나 위워크의 실태를 인식하기 시작한 것이다.

 그리고 끝내 IPO가 중지되는 사태까지 이르렀다. 결국 위워크는 소프트뱅크 그룹에 구제를 요청했고, 소프트뱅크가 더 많은 자금을 투입해 경영을 재건하는 대신 뉴먼은 CEO를 퇴임했다.

 정작 뉴먼은 17억 달러라는 설도 있는 거액의 퇴직금(창업자 주식에 대한 대가를 포함)을 받고 경영에서 물러났다. 미국 언론에서는 혼자서만 승자가 되어 도망쳤다고 보도될 정도였다. 소프트뱅크가 투입한 총 2조 엔에 가까운 자금이 회수될 가능성은 앞으로도 낮으며, 손정의도 위워크에 대한 투자가 자기 인생의 오점이라고 발언했다.

이 사건 이후로 뉴먼에 대한 평가는 지금도 크게 갈리고 있다. 희대의 사기꾼이라는 신랄한 비판도 있다. 하지만 나는 '뉴먼은 진짜 카리스마 있는 경영자였다'라고 생각한다.

물론 그의 경영 방식에는 도덕적으로 문제가 많은 부분이 있었고, 결과적으로 많은 이해관계자들에게 손해를 끼친 것은 사실이다. 그래도 뉴먼이 위워크의 비전, 즉 '새로운 근무 방식을 세계에 제공한다'라는 이상을 진심으로 믿고 그 실현을 위해 누구보다 커다란 열정으로 맹렬히 나아간 것 또한 사실이다.

손정의가 뉴먼과 만난 지 불과 12분 만에 투자를 결정했다는 에피소드가 있다. 산전수전 다 겪은 투자자인 손정의를 그 정도로 매료시켜서 투자하고 싶은 마음을 끌어낸 것이다. 그런 의미에서 뉴먼은 스티브 잡스나 일론 머스크에 비견할 만큼 강력한 현실 왜곡 공간을 만들어낼 수 있는 희귀한 존재라고 할 만하다.

CEO

좌뇌와 우뇌로
진짜 카리스마를 간파하라

자신이 내세우는 비전과 구상을 정말로 실현할 수 있는 경영자는 소수다.

내 경험에 비추어 보면, 우선 장대한 비전을 내세우며 호언장담하는 타입의 경영자는 100명 중 1명 정도다. 그리고 그중 자신의 호언장담을 실제로 실현하는, 진정한 카리스마를 갖춘 사람은 10명 중 1명 정도다. 그러므로 진짜 카리스마적 경영자는 1,000명 중 1명 정도일 것이다.

그리고 카리스마적 경영자와 단순한 허풍쟁이의 경계선은 매우 애매하다. 한 발만 잘못 디디면 교묘한 말에 속아 큰 손실을 입을 위험성조차 있다.

아무리 매력적인 비전을 제시하더라도, 그것을 실행할 능력이 따르지 않으면 그것은 그림 속에 그려진 먹음직스러운 떡에 불과하다. 호언장담을 늘어놓는 일은 어떤 의미에서는 누구나 할 수 있다. 그러나 '그 목표를 어떻게 달성할 것인가', '구체적인 계획이 있는가'가 전혀 제시되지 않는다면 투자자는 안심하고 자금을 맡길 수 없을 것이다.

그렇다면 투자자는 어떻게 해야 경영자가 내세우는 장대한 비전 그리고 그 경영자의 자질과 실행력을 냉정하고 객관적으로 판단할 수 있을까? 그 비결은 논리적 사고로 정보를 분석하는 좌뇌 그리고 감각과 직관을 관장하는 우뇌를 균형 있게 작동시키는 것이라고 생각한다.

먼저 좌뇌에 의한 분석, 즉 논리적 사고에서는 경영자가 내세우는 비전의 구체성을 파악해야 한다. 아무리 거창하고 매력적인 사명이나 미래상을 내걸었다고 하더라도 그것을 실현하기 위한 구체적인 전략, 실행 계획 그리고 마일스톤(중간 목표)이 제시되어 있지 않다면 '정말 실현할 수 있을까?'라는 의문을 떨칠 수 없다. 반대로 이러한 부분들이 명확히 제시되어 있다면 투자 대상으로서 기준을 충족한다고 간주해도 좋을 것이다.

예를 들어 테슬라는 2006년 시크릿 테슬라 모터스 마스터 플랜The Secret Tesla Motors Master Plan이라는 장기 전략을 발표했다. 전기차와 같이 완전히 새로운 기술을 개발하려면 막대한 자금이 필요하다. 그 때문에 초기 단계에서는 한 대당 제조 원가가 필연적으로 높아질 수밖에 없다.

따라서 테슬라는 먼저 그러한 높은 원가를 감당할 수 있는 구매력을 가진 부유층을 타깃으로 삼았다. 구체적으로는 로드스터라는 하이엔드 스포츠카를 첫 번째 모델로 시장에 투입했다. 그리고 가능한 한 조기에 원가를 회수하고 대량 생산 효과로 원가 절감을 실현한 뒤, 두 번째 차종으로는 스포티한 4도어 패밀리카(모델 S, 모델 X)를, 세 번째 차종으로는 보다 저렴한 대중형 모델(모델 3)을 출시하는 전략을 세웠다.

이러한 전략에는 명확하고 일관된, 실현 가능성이 높은 논리가 있었다. 테슬라는 단순히 꿈같은 이야기만 하는 것이 아니라 '어떻게 그 꿈을 실현할 것인가'라는 구체적인 로드맵을 제시했기 때문에, 많은 투자자들이 '이 계획이라면 정말로 실현될지도 모른다'라는 기대를 품고 자금을 투자할 수 있었다.

다음으로 주목할 부분은 '경영자가 과거에 무언가를 성취한 실적이 있는가?'라는 점이다. 과거의 실적이 미래의 성공을 보장하는 것은 아니다. 그러나 과거의 성공 경험은 그 인물의 능력과 실행력을 보여주는, 하나의 신뢰할 수 있는 지표가 될 수 있다.

예를 들어 스티브 잡스는 애플 2와 매킨토시 등의 혁신적인 제품을 만들어냈으며, 아이맥을 출시해서 파산 직전이었던 애플을 보란 듯이 재건했다. 일론 머스크는 온라인 결제 서비스 페이팔을 성공시킨 실적을 바탕으로, 테슬라와 스페이스X 등 완전히 새로운 분야에 과감하게 도전해 나갔다.

이러한 수치 목표와 과거 실적 등 논리적이고 객관적인 실적과 데이터(좌뇌)에 더해, 나는 '그 기업의 비전이나 경영자의 말을 얼마나 납득할 수 있는가?'라는 직감과 감성(우뇌)도 매우 중요하게 여긴다.

예를 들어 처음 그 CEO의 얼굴이나 헤어스타일을 본 순간 왠지 신뢰할 수 없다는 느낌을 받아 투자하지 않는 경우가 있다. 머리가 흐트러져 있어 깔끔하지 못하다는 인상을 주거나, 표정이나 말투에서 성실함이 느껴지지 않으면 그 시점에서 큰 위화감을 느끼게 된다. 더 나아가 '이 사람에게 어려운 국면을 헤쳐 나갈 기개와 각오가 있을까?'라는 불안이 들기도 한다.

물론 머리 모양이 마음에 들지 않는다는, 얼핏 듣기에 사소하고 비논리적인 이유만으로 판단할 만큼 투자나 기업 경영의 세계는 단순하지 않다. 그러나 신기하게도 CEO의 복장, 자세, 태도, 단어 선택에는 얼마나 자신감과 성실함을 가지고 회사를 이끌 의지가 있는지가 드러나는 경우가 많다고 느낀다. 그런 점에서 처음 일론 머스크의 인터뷰 영상을 봤을 때는 독특한 아우라와 카리스마가 느껴졌고, 이 사람이라면 믿을 수 있겠다고 직감적으로 확신했다.

한편, 완전히 다른 기업의 CEO 영상을 봤을 때는 '세계를 바꾸겠다고 거창하게 말하는 것에 비해 설득력이 부족하고, 어쩐지 신뢰가 가지 않는다'라고 느낀 적도 있다. 이런 위화감을 느끼게 되면 아무래도 투자에 신중해질 수밖에 없다.

카리스마적 경영자는 때로 종교 지도자에 비유될 만큼 강렬한 매력을 발산한다. 그리고 한번 그 매력에 빠져들면 좀처럼 벗어나지 못하는 사람도 있을 것이다. 이러한 비극을 피하기 위해, 나는 좌뇌로 얻은 정보와 우뇌로 느껴진 직감을 모두 활용해서 종합적으로 판단하려 노력한다.

CEO

CEO의
스피치 영상을 봐라

나는 관심이 가는 기업에 대해 투자를 검토할 때 반드시 CEO의 실제 목소리를 접한다.

왜 이 정도로 경영자를 중시하느냐 하면, 마지막에 기업의 운명을 좌우하는 것은 다른 그 무엇도 아닌 리더의 판단이기 때문이다. 아무리 유능한 임원과 직원이 있어도 최종 결정권을 지고 기업의 방향을 결정하는 사람은 바로 CEO다.

재무제표상의 숫자나 데이터는 회계 처리 방법, 사업 단계, 외부 환경에 따라 얼마든지 변할 수 있다. 그러나 리더의 카리스마, 경영 철학, 가치관 그리고 인성은 그렇게 쉽게 변하지 않는다. 경영자가 무엇을 신조로 삼고 어떤 미래를 그리고 있는가? 경영자를 이해하지 못하는 것은 그 기업의 본질을 이해하지 못하는 것과 같다. CEO의 인물상이 명확하지 않은 기업에는 안심하고 자금을 맡길 수 없다.

내가 매주 발행하는 뉴스레터에서도 기업 분석을 할 때 애널리스트의 분석 기사나 보고서보다 CEO의 인터뷰 기사나 발언을 적극적으로 인용한다. CEO의 비전, 인간성, 경영 철학을 이해하지 않고 투자하는 일은 있을 수 없다는 나 자신의 투자 방침에 근거한 것이다.

그래서 나는 온갖 수단을 동원해 1차 정보를 철저히 찾는다. CEO가 직접 질문에 답하는 인터뷰 영상, 투자자나 직원들을 대상으로 한 프레젠테이션, 강연 등의 스피치 영상, 본인이 집필한 서적이나 블로그, SNS에서의 발언 등을 살펴본다.

그중에서도 특히 중시하는 것은 CEO가 실제로 말하는 영상이나 인터뷰 영상이다. 영상이라면 표정과 목소리 톤 그리고 말하는 속도에서 인성과 열의, 나아가 주저함이나 망설임의 유무까지 글로는 잘 드러나지 않는 정보를 파악할 수 있다. 본인의 입에서 어떤 단어로 표현되는지를 보면 정보가 놀라우리만치 뚜렷하게 보이는 경우가 있다.

특히 과장된 표현이 지나치게 많거나 애매한 표현으로 얼버무린다고 느끼면, 내게는 투자 판단을 잠시 멈추는 계기가 된다. 아무리 표면적으로 훌륭한 비전을 내세우고 있어도 역시 신중해야 한다고 생각하기 때문이다.

그래서 마음에 드는 기업이 있으면 유튜브에서 '기업명 + CEO + Interview', '기업명 + 창업자 + Speech' 등으로 검색한다. 각 분야의 전문가나 유명인이 연설하는 'TED Talks', 컨퍼런스 영상, 경제 프로그램, 행사 영상 등을 찾을 수 있는 경우가 많다.

또 CEO가 블로그나 SNS를 활발하게 운영하는 경우에는 그쪽도 자주 확인한다. SNS 게시물에서는 그 사람의 본모습이 드러나기 쉽기 때문이다. 평소 생각, 직원이나 고객에게 보내는 메시지 등을 통해 경영자로서의 태도와 열의, 혹은 인간성까지 엿볼 수 있다. 모든 기업에 대해서 그렇게 하지는 못하지만, 팬이 되고 싶어지는 기업의 CEO라면 SNS까지 꼭 확인한다.

경영자의 실제 발언과 분위기를 내 눈과 귀로 확인하지 않으면 진정으로 그 기업을 이해하는 것이 아니다. 나는 그렇게 믿는다. 그래서 투자 대상을 검토할 때는 반드시 CEO의 얼굴을 보고 실제 목소리를 듣는다. 이 과정을 거치는 것은 내 투자 스타일에서 절대적인 조건이다.

CEO

마지막 순간 빛을 발하는 건 CEO의 뚝심

내가 CEO의 얼굴을 실제로 보고 실제 목소리를 직접 접하는 일을 중시하는 이유는, 결국 기업이 끝내 성공하느냐 아니냐는 CEO의 뚝심에 달려 있다고 확신하기 때문이다. 여기서 내가 말하는 뚝심이란 어려운 상황에 직면해도 무슨 수를 써서든 이 위기를 극복하겠다고 마음먹고 마지막 순간까지 밀고 나가는 담력과 끈기를 가리킨다.

특히 벤처 기업의 경우, 아무리 치밀하게 다듬어진 사업 계획이 있더라도 사업이 그 계획대로 순조롭게 진행되는 경우는 거의 없다. 오히려 모든 것이 계획대로 진행되는 경우가 드물고, 예기치 못한 사태나 갑작스런 문제가 발생하는 것이 일상다반사라고 해도 과언이 아니다.

어느 날 갑자기 강력한 경쟁사가 나타나 시장 점유율을 빼앗길 수도 있고, 자금 조달이 계획대로 진행되지 않아 자금 사정이 급격히 악화되며 현금이 바닥나기 직전까지 몰릴 수도 있다. 이러한 중대한 사고나 난관에 직면했을 때, CEO가 이른바 뚝심을 가지고 있는지 여부가 기업의 존망과 성장, 더 나아가 투자 성패를 크게 좌우한다고 나는 생각한다.

뚝심이라는 말은 자칫하면 비과학적이고 진부하며, 시대에 맞지 않는 정신력 타령으로 받아들여지기 쉽다. 그러나 나 자신이 실제로 벤처 기업을 창업하고 경영에 참여했던 경험에서 말하자면, 기업 경영에는 이 뚝심이 반드시 필요한 순간이 많다.

특히 사업이 한번 기울기 시작했을 때 경영자가 느끼는 고뇌와 압박은 보통 수준이 아니다. 말 그대로 포기하는 순간 모든 것이 끝난다는 극한의 정신 상태로 몰리게 된다. CEO는 이런 벼랑 끝 상황에 내몰렸을 때, 끝까지 포기하지 않고 끈질기게 돌파구를 모색하며 모든 수단을 강구하고 실행을 계속할 수 있는 사람이어야 한다.

혹은 인원 감축을 단행해야만 하는 상황이 찾아오기도 한다. 그럴 때도 가능한 한 직원들의 고용을 지키기 위해 최선의 방안을 마련할 수 있는지, 새로운 자금원을 확보하기 위해 잠도 줄여가며 동분서주할 수 있는지가 관건이다.

그럼에도 상황이 호전되지 않는다면 사업 철수나 회사 청산과 같은 더 고통스러운 결단을 내릴 수 있는가? 마지막 순간까지 버티며 최선을 다할 수 있는 뚝심을 가진 CEO라면, 아무리 어려운 상황이 잇따라 닥치더라도 반드시 살아남아 새로운 길을 개척해 나갈 것이라고 나는 믿는다.

나 역시 엔젤 투자를 할 때가 있는데, 그럴 때는 반드시 창업자나 CEO 본인과 직접 마주 앉아 철저하게 논의한다. 비상장 벤처 기업에 대한 투자는 상장 기업에 대한 투자와 비교하면 투자 금액과 투자자로서 신경 쓰는 정도가 훨씬 크다. 사업이 유지되지 못할 위험에 직면할 확률도 상장 기업보다 훨씬 높다.

그래서 나는 투자 후에 후회하지 않기 위해 '이 경영자는 정말로 신뢰할 수 있는 인물인가?', '궁지에 몰려도 포기하지 않는 강한 의지와 뚝심을 갖고 있는가?'를 신중하게 판단하고자 한다.

---CEO---

창업자 모드인가
관리자 모드인가

투자할 기업에 대해 알아볼 때 나는 CEO의 경영 스타일도 주목한다. 창업자 모드로 경영을 추진하는지, 아니면 관리자 모드로 경영의 안정화를 도모하고 있는지를 본다.

창업자 모드란 창업자가 직접 기업의 성장을 강력하게 이끌어 나가는 스타일이다. 한편 관리자 모드란 소위 프로 경영자가 MBA(경영학 석사) 수준의 경영 이론과 관리 방법을 활용해 기업을 안정적이고 효율적으로 운영하는 스타일이라고 할 수 있다. 교과서에 나오는 안정적인 경영 기법을 도입함으로써 관리 체제와 재무 구조를 탄탄히 하고 착실한 성장을 도모할 수 있는 여지가 생긴다.

나는 특히 벤처 기업의 초기 단계에서는 창업자 모드 특유의 폭발적인 열정이 기업 성장을 가속하는 가장 중요한 엔진이 되는 경우가 많다고 느낀다. 창업자만이 가진 이 열정은 상식이나 고정관념에 얽매이지 않는 대담한 발상과 행동을 만들어내고, 그 결과 완전히 새로운 시장을 창출하거나 업계의 상식을 뒤집는 혁신을 실현하게 된다.

다만 창업자 모드로 크게 성장해서 기업이 일정 규모에 다다르면 투자자들이 '프로 경영자를 영입해야 한다', '외부에서 MBA 취득자를 데려와 경영 체제와 관리 체제의 강화를 도모해야 한다' 등의 조언을 하는 경우가 많아진다. 이러한 요청을 받아들여 관리자 모드 CEO를 영입하면, 화려한 개혁이나 공격적인 전략이 사라지고 누구나 할 법한 무난한 경영으로 이행하고 말 위험이 있다. 이로 인해 기업이 원래 가지고 있던 독자성이나 제품·서비스의 매력이 희석되고 혁신과 성장이 정체되는 사례도 드물지 않다.

그래도 두 경영 스타일은 모두 장점과 단점이 있다. 창업자 모드만 고집하면 거버넌스나 재무 관리가 제대로 기능하지 않아 기업이 급격한 확장을 버티지 못할 수도 있다. 반대로 관리자 모드에 치우치면 조직은 안정되지만 도전적인 전략을 내놓지 못해 성장 엔진이 멈춰 버릴 수도 있다.

다만 나는 개인적으로 창업자의 열의가 짙게 반영된 창업자 모드의 경영자가 이끄는 기업에서 더 큰 가능성과 매력을 느낀다. 특히 대박이 날 기업을 찾아내는 메타 트렌드 투자의 관점에서 봐도,

나는 창업자 모드로 열정적으로 사업을 추진하는 기업을 응원하고 싶은 마음이 강하다.

CEO

이과인가 문과인가

내가 벤처 기업이나 테크 기업에 대한 투자를 검토할 때 'CEO가 이과 출신인가?'라는 점은 중요한 판단 기준 중 하나다. 특히 IT나 테크놀로지 분야의 기업이라면 리더가 기술자들을 얼마나 이해하고 존중하느냐가 기업의 앞날을 크게 좌우한다고 느낀다.

소프트웨어 중심의 하이테크 업계에서 엔지니어는 마치 프로 축구팀의 스타 선수와도 같은 존재다. 엔지니어가 만들어내는 코드나 제품이 회사의 주 수익원이자 사업 그 자체의 심장부가 되기 때문이다. 경영자가 엔지니어를 중시하고 그들의 시각, 발상, 기술적 전문성을 회사 전체의 의사 결정에 잘 반영하는 일은 지속적인 성장과 경쟁력 유지에 매우 중요하다.

내가 예전에 몸담았던 마이크로소프트에는 엔지니어를 회사의 주역으로 삼고 존중하는 문화가 확실히 자리 잡고 있었다. 개발에 필요한 최신 도구나 설비에 대한 투자를 아끼지 않았고, 엔지니어들이 자유롭게 토론하며 아이디어를 공유할 수 있는 자리가 적극적으로 마련됐다. 엔지니어가 능력을 최고 수준으로 발휘할 수 있도록 조직 차원의 지원 체계와 개발 환경이 잘 갖춰져 있었던 것이다.

안타깝게도 일본의 많은 IT 기업은 엔지니어가 일하기 좋은 환경이 잘 갖춰져 있다고 말하기 어렵다. 대기업조차 엔지니어를 단순 작업하는 사람으로 취급하며, 여전히 소프트웨어 공장식 개발 체제가 짙게 남아 있는 곳이 적지 않다. 사양서 작성이나 공정 관리를 상류 공정이라 부르며 위에 두고, 실제로 코드를 작성하는 엔지니어를 하류 공정이라 부르며 아래에 두는 시대착오적인 위계질서가 조직 전반에 뿌리내린 사례도 종종 보인다.

이런 환경에서 엔지니어가 뛰어난 역량을 발휘할 수 있을 리가 없다. 아무리 우수한 엔지니어를 채용하더라도 매일 일하다 보면 동기 부여가 떨어지고, 혁신을 만들어내는 힘이 크게 약화된다.

일본의 기업 문화나 개발 환경의 역사도 얽혀 있기 때문에 일반화해서 이야기할 수는 없지만, 이처럼 엔지니어를 회사의 주역으로 대우하지 않는 풍토는 문과 출신 CEO가 이끄는 회사에서 특히 자주 볼 수 있다.

게다가 문과 출신 CEO가 자주 저지르는 실수가 바로 숫자 지상주의에 치우쳐, 개발 현장을 제대로 이해하지 못한 채 의사 결정을 내리고 마는 것이다. 이렇게 되면 개발 효율과 품질이 크게 떨어지고 기업 전체의 성과에도 악영향을 미칠 가능성이 있다.

그 전형적인 실패 사례가 대형 항공기 제조사인 보잉 Boeing 일 것이다. 보잉에서는 문과 출신이자 경영 및 재무 분야에서 커리어를 쌓아온 인물을 CEO 자리에 앉혔다. 그 결과로 보잉은 안이한 비용 절감과 일정 최우선 방침을 밀어붙이게 됐다.

그 결과 여객기 737 MAX 시리즈의 설계 결함으로 인해 참혹한 추락 사고가 두 번 발생했다. 그 후 737 MAX 9의 비상구 문이 비행 중에 날아가는, 안전성을 근본부터 뒤흔드는 충격적인 사고까지 일어났다. 이로 인해 보잉의 신뢰는 크게 실추됐고 장기적인 실적 부진이 발생하게 됐다. 이익과 재무 논리를 우선시한 나머지 안전성과 기술적 위험에 대한 주의를 소홀히 한 것이 원인으로 추정된다.

원래 제조업 기업이라면 현장의 기술을 제대로 이해하고 소중히 여기는 문화를 유지하는 일이 무엇보다 중요하다. 특히 항공기는 고도의 기술력과 안전성이 생명이다. 그럼에도 기술을 중시하는 문화를 잃어버리는 바람에 이런 처참한 사고로 이어진 것이다.

물론 모든 문과 출신 CEO가 테크놀로지 기업 경영에 맞지 않는다는 이야기는 아니다. 문과 출신이라도 기술과 엔지니어에 대한 깊은 존경심을 가지고, 엔지니어를 주역으로 삼아 그들이 마음껏 활약할 수 있는 환경을 잘 만들어 나가는 뛰어난 경영자도 있을 것이다. 하지만 안타깝게도 그런 자질을 가진 문과 출신 경영자가 많다고 할 수는 없다.

반면 이과 출신 CEO라면 젊었을 때부터 연구와 개발에 매진한 경험이 있어서, 엔지니어들의 사고방식이나 고민을 피부로 느끼며 이해하는 경우가 많다. 기술 부문을 지탱하는 인재에 대한 존중도 크기 때문에, 회사 차원에서 어떻게 하면 엔지니어가 최대한 역량을 발휘할 수 있을지 진지하게 고민하는 경영 태도가 있다.

마이크로소프트의 창업자 빌 게이츠, 구글의 공동 창업자 래리 페이지와 세르게이 브린, 메타의 마크 저커버그 등 세계를 대표하는 IT 기업의 리더 대부분이 이과 및 엔지니어 출신이었다는 사실은 결코 우연이 아니라고 나는 생각한다.

내가 투자 대상으로서 매력을 느끼는 기업은 바로 그렇게 엔지니어를 우선시하는 마음가짐을 가진 리더가 이끌어 가는 곳이다. 내가 'CEO가 이과 출신인가, 문과 출신인가?'라고 묻는 이유는 바로 그 지점에 투자 판단의 커다란 갈림길이 존재하기 때문이다.

미디어

투자의 단서는
팟캐스트에 널려 있다

이제 우리가 정보를 얻는 수단은 극적으로 변화해서 SNS, 유튜브, 팟캐스트 등이 정보 수집의 주류가 되어 가고 있다. 마찬가지로 내가 투자에 관한 정보를 수집할 때도 신문이나 TV에서 투자 판단과 직결되는 정보를 얻는 일은 거의 없어졌다.

그렇다고 해서 SNS에 의존하는 경우도 많지 않다. 물론 SNS는 정보 전달 속도가 빠르며 영향력도 커지고 있다. 그러나 한편으로 정보의 탁류라고 할 수 있는, 옥석이 뒤섞인 방대한 정보 속에는 진위를 알 수 없는 유언비어와 노이즈도 많이 포함되어 있다. 정보량에 비해 심층적인 논의가 적기 때문에 투자 판단을 위한 정보의 원천으로는 그다지 참고하지 않는다.

내가 요긴하게 활용하는 미디어는 바로 팟캐스트다. 특히 미국은 자동차 문화가 발달했으며 출퇴근이나 장거리 운전 중에 팟캐스트를 듣는 습관이 널리 퍼져 있다. 일본에서는 아직 대중적이라고 말하기 어렵지만, 미국에서는 하나의 주요 미디어로서 확고한 지위를 구축하고 있다.

팟캐스트의 가장 큰 장점은, 시간 제약이 있는 TV 프로그램이나 글자 수 제한이 있는 뉴스 기사와 달리 충분히 시간을 들여 하나의 주제를 깊이 있게 다룰 수 있다는 점이다. 특히 1~2시간에 이르는 장시간 인터뷰 형식의 프로그램에서는 게스트의 사고 과정, 그 배경에 있는 경험 그리고 미래에 대한 구체적인 비전까지 상세하게 이야기하는 경우가 많다.

피상적인 화제로 끝나는 경우는 드물다. 이것은 투자자가 기업의 장래성이나 업계 전체의 메타 트렌드를 파악하는 데 매우 강력한 무기가 된다.

수많은 팟캐스트 방송 가운데 내가 특히 추천하는 것은 〈렉스 프리드먼 팟캐스트 Lex Fridman Podcast〉이다. 렉스 프리드먼은 AI 연구에 종사하는 엔지니어로서 전문 지식을 갖추고 있으며, 매사추세츠 공과 대학에서 강의도 하고 있다.

프리드먼의 방송에서는 엔지니어, 경영자, 과학자, 정치인 등 다양한 분야의 최고 전문가들을 게스트로 초대해 한 회당 2~3시간, 경우에 따라서는 그 이상에 달하는 장시간 인터뷰를 진행한다.

프리드먼은 인터뷰어로서 예리한 관점을 갖췄으며, 게스트의 사고와 철학을 세심하고 철저하게 파고든다.

일반적인 TV 프로그램에서는 '이 이야기를 더 듣고 싶은데' 싶은 순간에 시간이 끝나고 다음 화제나 질문으로 넘어가 버리는 경우가 많아, 소화가 덜 된 듯한 아쉬움을 느끼는 경우도 적지 않다. 그러나 프리드먼의 팟캐스트에서는 게스트가 품고 있는 문제의식, 그것을 해결하기 위한 기술적 도전 그리고 사회에 대한 뜨거운 열정까지도 상세히 드러난다.

게다가 출연진도 매우 화려하다. 일론 머스크, 아마존의 창업자 제프 베이조스, OpenAI의 CEO 샘 올트먼 그리고 도널드 트럼프까지 출연한 바 있다. CEO나 리더의 입장에서도 장시간 인터뷰가 큰 이점이 있기 때문일 것이다.

짧은 TV 인터뷰의 경우 아무리 오랜 시간 이야기를 나누더라도 편집 과정에서 몇 분 정도로 잘려 나가고, 맥락이 제대로 전달되지 않은 채 방송될 위험이 있다. 그 결과 오해를 일으키거나, 정작 중요한 생각과 비전이 시청자에게 전달되지 않는 경우도 종종 있다.

반면 팟캐스트라면 충분한 시간을 들여 자신의 기업 철학, 구체적인 비즈니스 전략 그리고 미래에 대한 전망까지 차분하게 이야기할 수 있다. 그렇기에 매우 바쁜 CEO들이나 대통령 선거 기간 중의 도널드 트럼프조차도 일부러 귀중한 시간을 내어 출연한 것이다. 어쨌든 세계를 이끄는 일류 CEO와 테크 업계 리더들이 다수 등장하기 때문에, 메타 트렌드를 파악하는 데에도 최상의 정보 원천 중 하나라 할 수 있다.

또 하나 내가 추천하고 싶은 팟캐스트 방송은 〈가이 가와사키의 위대한 인물들 Guy Kawasaki's Remarkable People〉이다. 전 애플 에반젤리스트(제품이나 서비스의 홍보를 담당하는 전문 직종)였던 가이 가와사키는 풍부한 경험과 인맥을 살려 테크놀로지 업계에 국한되지 않고 정치인, 과학자, 사회학자, 작가, 음악가, 운동선수 등 아주 다양한 분야의 '위대한 인물들 Remarkable People'을 게스트로 초대하고 그들의 탁월한 식견과 경험, 인생 철학을 끌어낸다.

이 프로그램의 가장 큰 매력은, 자신과는 거리가 멀다고 느꼈던 분야의 최전선에서 활약하는 사람들의 사고방식과 인생관을 접할 수 있다는 점이다. 그들의 이야기 속에는 일상생활에서는 접하기 힘든 새로운 발견과 메타 트렌드를 앞서 읽을 수 있는 수많은 단서가 담겨 있다.

미래를 예측할 단서는 인간의 말 구석구석에 숨어 있다. 문자만으로 이루어진 뉴스 기사나 SNS 게시글과는 달리 목소리에는 그 사람의 열정과 진심 그리고 때로는 약점까지도 여실히 드러난다. 잠깐의 침묵 그리고 웃음소리. 이런 요소들 모두가 말의 이면에 있는 그 사람의 진짜 생각과 인물상을 이해하는 데 중요한 정보가 된다.

물론 1~2시간에 달하는 장시간 프로그램은 청취에도 그만한 시간과 집중력을 요구한다. 그러나 메타 트렌드를 포착하는 데 있어서 팟캐스트는 그야말로 최적의 매체다. 나는 팟캐스트 속에 미래를 해독하고 투자에서 성공하기 위한 수많은 단서가 숨어 있음을 실감하고 있다.

미디어

AI 번역과 유튜브 자막으로
영어 장벽을 넘어라

앞서 소개한 렉스 프리드먼과 가이 가와사키의 팟캐스트 방송은 모두 영어로 진행한다. 영어로 된 정보라고 하면 갑자기 심리적인 장벽이 높아져서 기피하게 되는 사람도 많을지 모른다.

그러나 걱정할 필요는 없다. 왜냐하면 렉스 프리드먼의 방송은 유튜브에도 올라오기 때문이다. 유튜브의 자동 자막 기능과 비약적으로 발전한 AI 번역 기술을 조합하면 영어의 벽은 넘을 수 있다.

몇 년 전까지만 해도 기계 번역이라고 하면 부자연스러운 직역이나 문맥을 무시한 오역이 자주 보였고, 실용적인 수준과는 거리가 멀었다. 그러나 최근에는 AI 번역 기술이 눈부시게 발전해서 예전과는 비교할 수 없을 정도로 자연스럽고 정확한 번역을 실시간으로 제공하게 되었다.

또 유튜브로 시청할 때의 장점은 영상이 있다는 것이다. 출연자의 표정, 손짓, 몸짓은 물론이고 도표나 프레젠테이션 자료까지 시각적으로 확인하면서 이야기를 이해할 수 있다.

반면 가이 가와사키의 방송은 안타깝게도 현재 유튜브 버전이 존재하지 않고, 영어 자막이 있는 영상을 찾기도 어렵다. 그러나 팟캐스트 앱의 음성 텍스트 변환 기능을 이용해 영어 텍스트를 추출하고, 그 내용을 AI 번역 서비스로 번역하는 방법이 있다. 유튜브 자동 자막 기능과 비교하면 번거롭지만 영어에 약한 사람이라도 내용을 이해하는 것은 충분히 가능하다.

만약 비즈니스나 테크놀로지 분야의 최첨단 정보를 누구보다 빨리 입수해 투자 판단에 활용하고자 한다면, 영어로 된 인터뷰나 다큐멘터리는 그야말로 보물 창고다. 특히 비즈니스와 테크놀로지의 최신 동향에 관한 1차 정보는 영어로 되어 있는 경우가 압도적으로 많아, 가장 빠르고 충실한 정보를 얻을 수 있다.

'난 영어를 못하니까 안 돼'라며 처음부터 포기해 버리는 것은 정말로 아까운 일이다. 스스로 정보의 장벽을 만들어 큰 기회의 손실을 초래하고 있다고도 말할 수 있다. 처음부터 모든 것을 완벽히 이해하려고 부담을 가질 필요는 없다. 우선은 이야기의 개요나 논지를 대략적으로 이해할 수 있으면 충분하다는 가벼운 마음으로, 자동 자막이나 AI 번역을 활용해 보기를 권한다.

처음에는 말하는 속도나 전문 용어 때문에 당황할 수도 있다. 그러나 꾸준히 영어로 된 정보를 접하다 보면 점차 귀가 익숙해지고, 자신의 영어 실력과 그 분야에 대한 지식이 확실하게 업데이트되는 것을 실감할 수 있을 것이다. 귀찮아하지 말고 영어로 된 정보에 접근해 보자. 그 한 걸음이 당신의 세계를 넓혀 줄 것이다.

― 미디어 ―

《디 인포메이션》은 필독

내가 평소에 정보를 수집할 때 신뢰하며 활용하는 미디어를 몇 가지 더 소개하고자 한다. 그중에서도 웹 미디어 《디 인포메이션The Information》은 특별한 존재로 자리매김하고 있다. 《디 인포메이션》은 IT 업계, 특히 실리콘밸리의 스타트업이나 GAFAM 등 거대 테크 기업의 경영 전략과 신제품 개발의 무대 뒤를, 철저한 취재를 바탕으로 신속하고도 상세하게 보도한다. 그 정보의 질과 깊이, 그리고 신속성은 다른 어떤 매체도 따라올 수 없다.

한 예로 2023년 11월, OpenAI의 CEO 샘 올트먼이 갑작스럽게 이사회에서 해임된 사건은 전 세계에 큰 충격을 주었다. 다양한 미디어와 SNS에서 추측과 확인되지 않은 정보가 뒤섞여 난무하는 가운데,《디 인포메이션》은 시시각각 변하는 정세를 침착하고 정확하게 그리고 누구보다 빠르고 상세하게 보도했다.

일반적인 매체가 전하는 피상적인 뉴스나 억측을 바탕으로 쓴 기사와 달리,《디 인포메이션》은 기업 내부 사정에 정통한 신뢰할 수 있는 정보원으로부터 얻은 정확도가 높은 특종 정보를 바탕으로 하기 때문에 IT 기업의 경영 전략과 업계 전반의 흐름 그리고 수면 아래서 벌어지는 권력 다툼에 이르기까지 귀중한 정보를 얻을 수 있다.

마찬가지로《뉴욕 타임스》에도 읽을 만한 기사가 많아 자주 참고하고 있다.《블룸버그》도 금융 및 경제 뉴스는 물론, 최근에는 특히 테크 관련 보도에 주력하고 있다. 세계에서 지금 어떤 일이 일어나고 있는지 그리고 그 배경에 어떤 요인이 있는지 파악하는 데 매우 유용한 정보의 원천이라고 느낀다.

그러나 이러한 미디어의 기사를 전문으로 읽기 위해서는 대부분의 경우 유료 구독이 필요하다. 특히 영어가 부담스러운 사람은 '구독료를 내면서까지 영어 기사를 읽을 시간도 없고 기력도 없는데…'라고 생각할지 모른다.

다소 홍보처럼 들릴 수 있지만, 특히 테크놀로지 관련 최신 정보에 관심이 있고 일본어가 가능하다면 내가 발행하는 뉴스레터인《주간 Life is Beautiful》을 읽는 것도 나쁘지 않을 것이다. 그곳에서는 내가 매일 확인하는 정보 중 특히 중요하다고 판단하거나 내

시선을 끈 뉴스와 기사를 엄선해 일본어로 요약하고, 나만의 시각에서 해설을 덧붙이고 있다.

물론 《디 인포메이션》, 《뉴욕 타임스》, 《블룸버그》 등의 기사도 필요에 따라 인용하고 그 내용을 일본어로 알기 쉽게 전달하고 있다. 나 자신에게도 정보 과잉의 현대 사회를 살아가는 데 있어 시간 대비 효과와 비용 대비 효과가 모두 뛰어난 정보 원천 중 하나가 되고 있다고 생각한다.

영어 기사를 스스로 읽을 자신은 아직 없지만 《디 인포메이션》 등 해외 유력 매체가 보도하는 질 높은 정보는 접해 보고 싶은 사람, 해외 뉴스 사이트 여러 곳을 굳이 한꺼번에 유료 구독하는 것은 좀 망설여지는 사람이라면 내 뉴스레터부터 시작해 보는 것도 좋을지 모른다.

미디어

논문은
너무 많이 읽지 마라

나는 투자하기 전에 기술 동향을 파악할 때 논문을 훑어보는 경우가 있다. 다만 귀중한 정보의 원천이기는 해도, 논문을 구석구석 세세하게 정독하는 일은 거의 없다. 연구자 수준의 전문 지식을 습득하고자 하는 것이 아니라 '이 분야에서 지금 어떤 연구가 진행되고 있으며 어떤 기술이 주목받고 있는가'와 같은 최신 동향의 큰 그림을 효율적으로 파악하고자 하는 것이기 때문이다.

논문 전체를 꼼꼼히 읽는 데는 막대한 시간과 노력이 든다. 전문 용어가 많고 실험 과정이 자세하게 기록되어 있어서, 한 글자도 빠뜨리지 않고 읽으려 하면 하루가 다 지나 버리는 경우도 있다.

그래서 나는 먼저 초록(요지)을 읽고 큰 틀을 파악한다. 초록에는 '이 논문이 무엇을 과제로 삼고, 어떤 방법으로 어디까지 진행했는가'라는 요약이 담겨 있다. 그래서 이것만 읽어도 더 깊이 파고들지, 아니면 일단 넘어갈지 대강 판단할 수 있다.

구체적으로는 논문 10편을 고르면 그중 9편 정도는 초록을 읽는 단계에서 '이건 내가 관심 있는 분야와는 크게 관계없어 보인다'라고 판단하고 넘긴다. '이건 재미있을지도 모른다'라고 여겨지는 나머지 1편을 만났을 때만 본문을 조금 더 읽고 실제 실험 데이터와 구체적 성과를 확인하는 식이다.

이렇게 모든 것을 뒤쫓기보다 관심 없는 것은 과감히 버리는 결단을 내려야 진정으로 유익한 논문에만 시간을 들일 수 있다.

미디어

누구나 얻는 정보에서 10배, 100배 주식을 찾아내라

나는 미국에 살기 때문에 "나카지마 씨는 현지 최신 정보를 실시간으로 접할 수 있겠네요"라는 말을 듣는 경우가 있다. 아무래도 미국에 살고 있으면 다른 나라보다 현지 분위기를 직접 체감하기 쉬운 것은 맞다. 실제로 최신 제품과 서비스를 남들보다 빨리 체험하거나, 친구들로부터 입소문을 들을 기회가 많을지도 모른다.

그러나 그런 정보는 시간이 조금 지나면 SNS, 리뷰 사이트, 개인 블로그 등에 체험담의 형태로 올라와서 누구나 쉽게 접근할 수 있게 된다. 또 미국 현지 미디어에서는 보도되었지만 타국 미디어에서는 아직 보도되지 않은 유익한 정보가 있다고 해도, 이제는 인터넷을 통해 세계 어디서든 실시간으로 입수할 수 있다. 그러므로 미국에 살고 있으니 특별한 정보에 접근할 수 있다는 생각은 오해다.

내가 뉴스레터에서 기업 분석을 보여줄 때도, 그 기반이 되는 정보는 전부 누구나 입수 가능한 공개 정보다. 팟캐스트,《디 인포메이션》등의 기사, 기업 공식 웹사이트에 공개된 보도 자료, CEO의 SNS, 논문 등이다. 소위 내부 정보나 비공개 특별 경로를 이용하는 것이 아니다.

결국 내가 실천하는 정보 수집과 기업 분석 그리고 투자 판단 방법은 미국에 살지 않아도 누구나 실천할 수 있는 것이다. 예를 들면 CEO 인터뷰 영상을 유튜브에서 검색할 수 있다. 해외 미디어 기사를 살펴볼 수 있다. 기업의 IR 정보를 확인할 수 있다. 기업 공식 SNS 계정을 팔로우할 수 있다.

이처럼 지극히 기본적인 정보 수집을 우직하게 꾸준히 이어가기만 해도 10배 주식, 100배 주식을 찾아낼 계기를 붙잡을 수 있다.

미디어

AI 어시스턴트 활용법 1
먼저 읽게 한 후 질문 공세

정보 수집을 할 때 내가 활용하는 것이 ChatGPT 등의 생성형 AI다. 생성형 AI는 발전 속도가 엄청나며, 뛰어난 조수로 크게 활약해 준다.

예를 들어 영어 기사나 난해한 논문도 핵심을 빠르게 정리해주고, '이 부분만 자세히 알려줘', '이 점을 조금 더 깊게 파고들어 줘'처럼 구체적으로 지시하면 자세한 정보를 제시하거나 새로운 시각을 제공해 주기도 한다.

이미 생성형 AI를 사용해 기사를 요약해 본 사람도 많을 것이다. 그때 자주 쓰는 프롬프트(생성형 AI에 지시하는 문장)는 아마 '이 기사를 요약해 줘'처럼 한 문장으로 된 지시일 것이다. 물론 이렇게 해도 전체적인 흐름을 이해하는 데는 도움이 되지만, 요약에만 의존하면 정말로 알고 싶었던 핵심이 요약에서 빠져 있는 경우가 자주 발생한다.

그래서 내가 추천하는 방법은 먼저 생성형 AI에게 글 전체를 읽게 한 후 여러 번 질문하는 것이다.

❶ '먼저 이 기사(논문) 전체를 읽어 줘'

생성형 AI에게 '이 기사(논문) 전체를 읽어 줘'라고 지시해서 텍스트 전체 내용을 입력한다. 생성형 AI가 텍스트 전체를 파악하고 있는 상태라면 이후 질문에 대해 더 정확한 답변을 기대할 수 있다.

❷ 요약을 지시한다

먼저 전체를 대략적으로 파악하기 위해 '새로운 점은 무엇이지?', '기존 방법과의 차이는 무엇이지?'와 같이 대략적인 요약을 지시한다. 이 단계에서 얻는 것은 전체적인 큰 그림과 키워드다. 아직 세부까지 깊이 들어간 단계는 아니다.

❸ 의문점을 구체적으로 묻는다

요약으로 파악한 범위에서 '이 부분을 좀 더 자세히 알고 싶다'라고 느끼면, 생성형 AI에게 '경쟁 기술과의 차이는 뭐지?', '실용화를 막는 병목은 뭐지?' 등 더 깊이 있는 질문을 반복한다. 이때 생성형 AI는 이미 글 전체를 읽은 상태이므로, 처음 요약에 포함되지 않았던 정보나 관점까지 참조하면서 답변할 수 있다.

분량이 많은 기사나 논문인 경우, 요약을 시켜 봐도 막상 알고 싶은 정보는 빠진 내용이 나올 가능성이 있다. 나는 이 점을 보완하기 위해 생성형 AI에게 정리만 시키고 끝내는 것이 아니라, 전체를 읽게 한 후 일부러 궁금한 부분이나 관심 있는 주제를 계속 질문하는 방법을 사용한다.

이렇게 하면 처음 요약만으로는 잡아내기 어려운 세부 정보나 숨겨진 관점까지 끌어낼 수 있다. 그 결과 '흥미롭다고 생각했지만 실용화에는 큰 과제가 있다' 또는 '얼핏 보기에는 실현이 어려워 보이지만, 이제 다른 기술로 단번에 돌파구를 만들 가능성이 있다'와 같이 투자 판단이나 기술의 본질적 이해와 직결되는 지점을 보다 깊이 이해할 수 있다. 또 질문을 반복하다 보면 더 다각도에서 이해할 수 있게 된다.

이렇게 질문 공세를 통해서 깊이 파고드는 것이야말로 생성형 AI를 유능한 정보 수집 어시스턴트로 활용하는 가장 효과적인 방법 중 하나라고 할 수 있다.

미디어

AI 어시스턴트 활용법 2
의논 상대로 삼는다

생성형 AI를 활용하는 또 다른 방법은 ChatGPT를 의논 상대로 활용하는 것이다. 꼭 구체적인 데이터나 사실을 얻기 위해서만이 아니라 대략적인 고민을 털어놓는 상대로 AI를 활용한다는 느낌이다.

예를 들어 내 경우에는 프레젠테이션 자료를 만들 때 '이런 주제로 이야기하고 싶은데, 어떻게 구성하면 좋을까?', '어떤 표현이 효과적일까?' 등의 막연한 과제를 ChatGPT에 자주 던져 준다.

영어로 프레젠테이션을 하게 되었을 때 '기술적인 키워드를 넣고 싶은데, 너무 어려운 용어라서 참가자들이 잘 못 알아듣지 않을까?'라고 의논하면 생성형 AI가 여러 가지 영문 예시와 구성안을 제시해 준다.

그 후 '조금 덜 딱딱한 말투로 바꿔 줘', '참가자들이 엔지니어가 아니니까 전문 용어를 줄이고 초보자도 이해할 수 있게 해 줘' 등의 지시를 다시 내린다. 이 과정을 반복하다 보면 딱 좋게 만들어진 프레젠테이션 자료를 짧은 시간 안에 준비할 수 있다.

주식 투자에서도 생성형 AI에 막연한 질문을 던져보는 일은 큰 가치가 있다고 생각한다.

'이 산업에 관심이 있는데, 역사적 배경과 주요 기업을 알고 싶어.'

'경쟁 기업들은 어떤 비즈니스 모델로 경쟁하고 있을까?'

'신생 기업 중 주목받는 회사에는 어떤 특징이 있을까?'

이런 두루뭉술한 질문이라도, 생성형 AI는 일단 정보를 얻는 출발점이 된다.

물론 생성형 AI의 답변이 틀릴 수도 있으므로 전적으로 신뢰하는 것은 위험하다. 하지만 백지 상태에서 혼자 검색어를 생각하고 정보를 정리하는 것보다, 먼저 생성형 AI에게 대략적으로 정리해 달라고 하는 편이 시간을 크게 절약할 수 있다.

생성형 AI는 끈질기게 질문해도 귀찮은 내색을 하지 않는다. 몇 번을 물어봐도 똑같이 친절하게 대답해 준다. 한밤중이나 꼭두새벽에 질문해도 싫은 소리를 들을 일이 없다. 어디를 가나 갑질이 문제되는 요즘 세상에서 귀중한 의논 상대다.

게다가 최근에는 ChatGPT처럼 음성 입력과 음성 출력을 지원하는 서비스도 등장했다. 이런 기능을 이용하면 텍스트 기반 채팅 같은 느낌 없이 마치 실제 사람과 대화하듯 AI와 소통할 수도 있다.

--- 미디어 ---

AI 어시스턴트 활용법 3
현장감 넘치는 설명

생성형 AI의 활용 방법으로, 어려운 주제에 대해 '중학생도 이해할 수 있도록 친절하게 설명해 줘'라고 요청하는 프롬프트가 자주 사용된다. 물론 이 지시만으로도 충분히 이해하기 쉬운 설명을 얻을 수 있다. 하지만 나는 한 걸음 더 나아가 '라디오 프로그램 같은 대본을 작성해 줘'라는 요청을 자주 한다.

가령 '이 긴 기사 내용을, 청취자가 흥미를 느낄 수 있는 재미있는 라디오 프로그램처럼 설명해 줘'라고 AI에게 지시하면 실제 라디오 프로그램 대본처럼 현장감 넘치는 설명이 돌아온다.

단순히 요점을 나열하는 것이 아니라 프로그램 오프닝처럼 청취자에게 말을 거는 데서 시작해, 전문가와 진행자 간의 대화 형식으로 이야기가 진행되기도 하고, 중요한 지점마다 '여기가 이 이야기의 가장 중요한 부분이니까 잘 들으셔야 해요!'라는 식의 효과적인 멘트가 들어간다. 이처럼 곳곳에 청취자의 관심을 끌기 위한 재치와 아이디어가 담긴 원고가 생성된다.

　마치 뛰어난 라디오 구성 작가가 내 지적 호기심을 충족시키기 위해 맞춤형으로 대본을 써 준 듯한 느낌이다. 게다가 ChatGPT와 같은 고성능 AI는 음성 출력도 지원하므로, 생성된 대본을 자연스러운 음성으로 읽도록 시켜서 라디오 프로그램처럼 들을 수도 있다.

　길게 쓴 글을 굳이 눈으로 따라갈 필요 없이 운동, 산책, 출퇴근 등 다른 활동과 병행하면서 효율적일 뿐 아니라 즐겁게 학습할 수 있다는 점은 바쁜 현대인에게 매우 큰 장점이라 할 수 있다.

5장

승리를 위한 정석

매수 방법

자산 중
얼마를 투자할까?

투자를 시작할 때 '도대체 얼마를 투자해야 할까?'라며 첫 단계에서 고민하는 사람들이 적지 않을 것이다.

일반적인 투자 관련 서적에서는 3개월에서 1년 치 정도의 생활비를 확보하고 나머지를 투자하라는 조언을 자주 볼 수 있다. 실직 등 만일의 사태나 갑작스러운 지출에 대비해 최소한의 생활 자금은 확보해 두어야 한다는 논리다. 나 자신은 명확히 몇 개월 치라고 정하지는 않았지만, 대략 6개월 치 정도의 생활비를 확보해 두면 충분하지 않을까 싶다.

투자에서 가장 피하고 싶은 상황은 주식 시장이 폭락한 시점에 주식을 팔 수밖에 없는 처지로 내몰리는 것이다. '지금 주가가 떨어졌으니 사실은 팔면 안 되는데…', '조금만 기다리면 주가가 회복될지도 모르는데…'라고 생각하면서도 급히 현금이 필요해 팔 수밖에 없는 상황이 되면 후회하고 또 후회하게 된다. 이런 최악의 사태를 피하기 위해서도, 일정 수준의 현금을 항상 확보해 두는 것은 현명한 조치라고 할 수 있다.

참고로 현재 나의 자산 구성을 보면 평소와 달리 현금이 전체의 약 5%를 차지하고 있다. 현재 미국의 정책 금리는 4.25~4.50%다. 은행에 예금해도 그럭저럭 이자를 받을 수 있으므로 다소 많은 현금을 보유하고 있다.

하지만 과거 미국의 정책 금리가 0%에 가까웠던 시절에는 현금을 보유해 봤자 그다지 불어나지 않을 것이라고 생각해서 일부러 현금을 거의 보유하지 않았다. 자산의 대부분을 투자로 돌렸던 것이다.

나도 현재 현금 보유 비율이 다소 높은 것 같다고 생각한다. 현금 보유 비율을 조정해서 투자에 자금을 투입하는 것도 고려 중이다.

매수 방법

리스크를 얼마나 감수할 것인가?

똑같이 메타 트렌드에 올라탄 기업이라고 해도 그 성격은 다양하다. 예를 들어 애플이나 엔비디아처럼 이미 막대한 이익을 창출하며 확고한 지위를 구축한 기업은 비교적 리스크가 낮은 안정적인 기업이다. 시가 총액도 크고, 장기 보유해도 안심할 수 있을 것이다.

반면 전기차 제조사 리비안처럼 앞으로 폭발적인 성장이 기대되지만, 현재는 적자이며 파산 위험을 가진 기업도 있다. 미래의 큰 성장 가능성을 기대할 수 있는 반면 리스크도 크다. 그렇다면 이처럼 옥석이 섞인 상황에서 어떻게 리스크를 감수해야 할까?

첫 번째로 반드시 피해야 할 것은 노후 생활 자금이 전부 날아가는 치명적인 사태다. 연금이나 퇴직금 등 노후 생활을 지탱할 중요한 돈을 투자에 쓸 경우, 극도로 신중한 리스크 관리가 필요하다. 리스크는 최대한 피하고 싶지만 메타 트렌드에는 참여하고 싶다면, 시가 총액이 크고 현금 흐름이 안정적인 GAFA(구글, 애플, 페이스북_현 메타, 아마존, 마이크로소프트)와 같은 기업을 선택하는 것이 좋다.

물론 이런 기업들의 주가가 앞으로 폭발적으로 상승할 가능성은 높지 않다. 그래도 애플이나 메타라면 AR/VR, 구글이라면 자율주행, 마이크로소프트라면 AI 등 앞으로도 지속될 메타 트렌드의 흐름에 올라탈 수 있다.

한편, 가령 20대이고 독신이라면 투자금이 다 날아가더라도 최악의 경우 다시 일해서 벌면 된다고 생각할 수 있을지도 모른다. 이처럼 리스크 허용도가 높은 사람이라면 과감하게 하이 리스크 하이 리턴 전략을 채택할 수 있다.

예를 들어 리비안처럼 메타 트렌드에 올라탄 적자 경영 벤처 기업 10곳에 투자해서, 그중 한 곳이라도 주가가 100배 오르는 것을 노리는 대담한 선택도 가능한 것이다.

포트폴리오의 대부분을 로우 리스크로 안전하게 설정하고 일정 비율을 하이 리스크에 할당하는 것도 한 가지 방법이다. 대기업 투자로 어느 정도 안정성을 확보하면서, 성장 여력이 있는 미성숙 기업을 대상으로 모험을 하는 것이다.

가령 애플, 엔비디아, 메타, 마이크로소프트, 아마존 등 리스크가 비교적 낮고 현금 흐름이 안정적인 대기업에 50%를 할당한다.

테슬라, AMD, 모더나, 바이오엔테크처럼 이미 사업이 궤도에 올랐지만 주가 변동이 크고 추가 상승이 기대되는, 흑자이면서 성장성이 높은 기업에 30%를 할당한다. 그리고 리비안, 루시드 등 하이 리스크 하이 리턴이 가능한 미성숙 벤처 기업이나 적자 기업에 20%를 할당한다.

또는 전기차 기업으로만 포트폴리오를 짠다면 70%를 테슬라에, 나머지 30%를 리비안이나 루시드처럼 향후 대박을 기대할 수 있는 기업에 배분할 수도 있다.

여기서 제시한 구체적인 비율은 단지 예시일 뿐이다. 그래도 튼튼한 기반을 마련하는 한편으로 대박을 꿈꿔볼 수 있는 기업에도 자금을 배분한다는 전략은 리스크 허용도를 조정할 때 하나의 지침이 될 수 있다.

리스크 허용도는 사람마다 다르다. 나이, 가족 구성, 자산 상황 등에 따라 마치 그라데이션처럼 달라진다. 자신의 리스크 허용도에 맞춰 투자 배분을 조정해 보자.

매수 방법

한꺼번에 매수해선 안 된다

투자하고 싶은 마음이 드는 기업을 만나더라도, 주식을 언제 얼마에 매수해야 하는지는 많은 사람들이 고민하는 지점이다. 누구나 싸게 사서 비싸게 팔고 싶겠지만 그 타이밍을 정확히 맞히는 것은 불가능하다.

그래서 나는 이미 말했듯이, 마음에 드는 기업을 찾았을 때 최악의 경우 다 날려도 괜찮다고 생각할 수 있는 정도의 소액을 먼저 투자한다. 그 후 해당 기업에 대해 확신을 가질 수 있는 뉴스, 실적, CEO의 발언 등 다음 계기가 찾아왔을 때 본격적으로 투자 금액을 늘린다.

그런데 여기서 주의할 점이 있다. 바로 자금을 한꺼번에 투입하지 않는다는 것이다. 단번에 충동적으로 투자하면 이른바 고점 매수의 위험이 있다. 우연히 주가가 높아진 시점에 매수하는 바람에 이후 주가가 하락할 가능성이 있다. 그렇게 된다면 분할 것이고 가능하면 피하고 싶은 일이다.

그래서 내가 활용하는 것이 바로 달러 코스트 평균법이다. 이것은 정기적으로 일정 금액을 주식에 투자하는 방법이다. 가령 '최종적으로 ○○만 엔을 투자하겠다'라고 결정했다면 약 10회 정도로 나누어 매달(혹은 매주) 같은 금액을 투자한다. 이렇게 하면 주가가 높을 때는 적은 수의 주식을 사고, 주가가 낮을 때는 많은 수의 주식을 사게 된다. 그 결과 평균 매수 단가가 평준화되어 고점 매수 위험을 낮출 수 있다.

내가 애플 주식을 추가 매수했을 때도 바로 이 달러 코스트 평균법을 사용했다. 애플이 앞으로 크게 성장할 것이라는 확신은 있었지만, 싸게 살 수 있는 타이밍이 언제일지는 알 수 없었다. 그래서 투자하기로 결정한 금액을 10등분으로 나눠서 매달 한 번씩 투자했다.

이 달러 코스트 평균법은 특히 주식 시장 전체가 일시적으로 크게 과열된 국면에서 유용하다.

투자자의 심리상 시장이 뜨거울 때 뒤처지고 싶지 않다는 생각이 강하게 작용한다. 그러다 보면 실제 기업 가치 이상으로 주가가 오르는 경우가 많다. 그런 상황에서 서둘러 한꺼번에 매수하면 예상치 못한 고점 매수를 하게 될 수 있다.

그래서 나는 시장 전체가 일시적으로 과열됐다고 느낄 때일수록, 오히려 달러 코스트 평균법을 써서 투자 타이밍을 분산한다.

투자에서 언제 매수할 것인가는 영원한 과제이지만 달러 코스트 평균법을 활용하면 타이밍을 잘못 맞춰서 생기는 위험을 크게 줄일 수 있다. 이 방법은 과정과 철학이 모두 단순하고 명확하기 때문에 투자 초보자도 곧바로 시작할 수 있다. 그리고 숙련자에게도 충분히 효과적이고 보편적인 투자 기법이다.

매수 방법

눌림목 매수의 힌트

주가가 일시적으로 하락한 타이밍인 소위 '눌림목'을 노려서 저렴하게 주식을 매수하고자 하는 방법이 눌림목 매수다. 테슬라처럼 이미 주가가 급등한 경우, 눌림목 매수의 기회를 노리는 사람이 많을 것이다.

당연한 이야기이지만 언제 눌림목이 올지 정확히 예측할 수 있는 사람은 아무도 없다. 그럼에도 눌림목 매수에 도전하고자 하는 사람들을 위해 저가 매수의 힌트를 소개하겠다.

눌림목 매수를 성공시키려면 실망 매도의 타이밍을 노리는 것이 가장 좋다.

기업의 실적이 좋게 발표되었음에도 주가가 하락하는 경우가 있다. 사전에 과도한 기대가 형성되어 있었고, 그 기대치에 미치지 못했을 때 투자자들이 '생각만큼 성장하지 않았다', '기대에 못 미쳤다'라고 판단해서 실망한 채로 매도하기 때문이다.

이러한 실망 매도가 일어나면 일시적으로 주가가 하락해서 눌림목이 형성될 가능성이 있다. 그 타이밍을 재는 방법 중 하나는 기업의 분기 실적 발표를 주목하는 것이다.

또 하나의 힌트는 실적과 직결되는 데이터를 뉴스나 기업 발표 등을 통해 관찰하는 방법이다.

가령 자동차 제조 업체라면 출하 대수, IT 기업이라면 활성 사용자 수, 전자 상거래 기업이라면 취급액과 같은 지표가 시장 예상치를 웃도는지 혹은 밑도는지에 따라 주가가 크게 변동할 수 있다. 여기서도 시장 기대치와의 차이가 클수록 실망감으로 인해 일시적으로 대량 매도가 일어나며 주가가 하락할 가능성이 높아진다.

다만 눌림목 매수에 지나치게 집착하는 것도 문제일 수 있다. 애초에 눌림목 자체가 발생하지 않을 가능성도 충분히 있기 때문이다. 그렇게 되면 '그때 과감하게 샀어야 했는데'라며 후회하게 될지도 모른다.

물론 눌림목 매수는 낮은 가격에 매수할 수 있는 매력적인 투자 기법이다. 하지만 그 타이밍을 정확히 판단하는 것은 상당히 어렵다. 이른바 숙련자 전용이라 할 수 있다.

투자 초보자는 물론, 상급자라 하더라도 무리해서 눌림목 매수를 노리기보다는 달러 코스트 평균법을 실행하는 편이 더 현명한 선택이라고 나는 생각한다. 달러 코스트 평균법이 정신적으로나 금전적으로나 더 좋은 결과를 가져다 줄 것이라고 본다.

> 장기 보유

평정을 잃었던
나의 큰 실패

투자의 철칙은 장기 보유다. 특히 메타 트렌드 투자는 10년, 20년이라는 긴 시간 동안 일어나는 시대의 큰 흐름에 올라타는 투자 스타일이다. 일시적인 주가 변동에 일희일비해서는 안 되며 긴 호흡으로 차분히 임해야 한다는 점을 지금까지도 강조해 왔다.

그러나 이렇게 말하는 나도, 사실은 과거에 큰 실패를 경험한 적이 있다. '그때 진득하게 장기 보유했더라면…' 하며 아직도 후회해 마지않는 씁쓸한 경험이다.

나는 2000년에 마이크로소프트를 퇴직했다. 퇴직금은 없었지만 대신 스톡옵션을 행사해 제법 많은 현금을 손에 쥐었다.

당시는 닷컴 버블이 한창이었다. 인터넷 관련 기업들이 잇달아 생겨나고 주식 시장은 연일 축제 분위기였다. 이 기업들의 주가는 하늘을 찌를 듯 치솟고 있었다. 나도 막 손에 쥔 자금을 인터넷 관련주에 과감히 투자했다. 그리고 주가는 버블의 순풍을 타고 점점 더 상승했다.

그러나 닷컴 버블의 열기는 오래가지 않았다. 얼마 지나지 않아 버블은 붕괴했고 인터넷 관련주는 전부 급락했다. 내가 갓 매수한 주식도 눈 깜짝할 새 가격이 떨어져서 내 자산은 순식간에 줄어들기 시작했다.

그것 때문에 생활이 곤궁해진 것은 아니었기에 절망의 나락으로 떨어진 정도까지는 아니었다. 그래도 눈앞에서 자산이 급격히 줄어드는 모습을 바라보는 것은 정신적으로 큰 충격이었다.

게다가 당시에는 '인터넷 기업 따위는 그저 일시적 유행일 뿐', '버블에 휩쓸린 허상'이라고 조롱하는 목소리가 여러 매체에서 쏟아지게 됐다. 그리고 시장 전체가 인터넷은 장래성 없는 위험한 투자 대상이라는 비관적인 분위기에 휩싸이기 시작했다.

완전히 평정을 잃은 나는 이대로 계속 보유하면 손실이 더 커질지도 모른다는 두려움에 휩싸였다. 그리고 결국 보유하고 있던 인터넷 관련 주식을 내던지고 말았다.

지금 돌이켜보면 닷컴 버블 붕괴 이후 모든 기업이 똑같이 망한 것은 아니었다. 오히려 비약적인 성장을 이룬 기업도 다수 있었다.

예를 들어 아마존이 그렇다. 닷컴 버블 붕괴 당시에는 시장 전반에 퍼져 있던 비관적 분위기에 휩쓸려 아마존도 주가가 급락했다. 그러나 그 후 아마존은 시장의 비관론을 뒤집고 강력한 성장을 이어갔다. 이제 아마존이 세계를 대표하는 거대 기업으로 도약했다는 사실은 당신도 잘 알 것이다.

나의 가장 큰 실패는 닷컴 버블이 붕괴한 뒤, 시장의 비관적 분위기에 휩쓸려 인터넷 관련주를 전부 감정적으로 투매해 버린 일이었다. 만약 그때 아마존 주식만이라도 계속 보유했다면, 닷컴 버블 붕괴로 입은 모든 손실을 가볍게 만회하고도 남을 만큼의 이익을 얻을 수 있었을 것이다.

장기 보유

버티기의 진수

지나가 버린 과거는 이제 어쩔 수 없다. 나도 과거의 실패에 계속 얽매여 있는 성격은 아니다. 그럼에도 닷컴 버블 붕괴 당시 아마존 주식을 헐값에 투매해 버린 실수는 지금도 씁쓸한 경험으로 깊이 뇌리에 새겨져 있다.

그러나 바로 그 실패가 있었기에 나는 투자에서 중요한 교훈을 얻을 수 있었다. 시장이 붕괴할 정도의 대폭락 국면에서도 평정을 잃지 않고 장기적인 시각을 유지하는 법을 배운 것이다.

유망하다고 믿고 애정을 쏟은 기업의 주식은 어떤 상황에서도 흔들리지 않고 장기 보유한다. 그 폭락 이후 이것이 나의 기본적인 투자 철학이자 굳건한 투자 방침이 되었다. 훗날 리먼 사태가 일어났을 때, 닷컴 버블 붕괴에서 치른 값비싼 수업료가 큰 도움이 됐다.

2008년 9월, 미국의 대형 투자 은행 리먼 브라더스가 파산하면서 리먼 사태가 발생했다. 그 영향은 전 세계에 미쳤고, 세계 동시 주가 하락이라는 전례 없는 금융 위기로 발전했다. 당연히 내가 보유했던 주식 자산도 일시적으로 평가액이 폭락했다.

그러나 닷컴 버블에서 쓴맛을 본 나는 아주 침착했다. 단기적으로 큰 평가 손실을 겪게 됐지만, 어디까지나 평가 손실일 뿐이다. 매도해서 확정하지 않는 한 실제 손실이 되지는 않는다.

폭풍이 지나가기를 기다린다는 마음가짐으로, 진득하게 인내하며 계속 보유했다. 그러자 약 2년 후에는 주가가 하락 전 수준까지 회복되었다. 결국 전 세계 경제를 뒤흔든 전례 없는 리먼 사태 속에서도 실질적으로 손실 없이 위기를 넘길 수 있었다.

앞으로 큰 성장이 기대된다고 확신할 수 있는 기업의 주식이라면, 단기적인 주가 변동에 일희일비하지 않고 굳세게 버티는 것이 장기적인 자산 형성에서는 반드시 필요한 관점이다.

장기 보유

메타 트렌드와 팬 활동으로
마음 굳게 먹기

아침에 일어나 가장 먼저 주가 차트를 확인한다. 메신저 알림이나 SNS 업데이트보다도 보유 자산의 변동이 가장 신경 쓰인다. 일하는 중에도 화장실에 갈 때마다 스마트폰을 꺼내 주식 앱을 열어 본다. 보유 자산이 늘어나 있으면 그날은 기분이 좋고, 일도 잘 된다. 하지만 자산이 줄어 있으면 일에 집중도 못 하고 한숨만 나온다.

이처럼 투자를 시작했다가 매일 주가와 자산의 변동에 일희일비하는 사람이 적지 않을 것이다. 그러나 메타 트렌드 투자 그리고 팬 투자를 실천하고 있다면 하루하루 주가의 움직임에 휘둘릴 필요가 전혀 없다.

메타 트렌드 투자는 시대의 큰 흐름을 포착하고, 그 흐름에 올라타는 기업에 투자하는 방식이다. 그리고 팬 투자는 진심으로 응원하고 싶은 기업에 투자하는, 마찬가지로 장기적 시각에 바탕을 둔 투자 스타일이다.

우리가 투자를 하는 이유는 그 기업이 직접 만족할 때까지 조사하고, 향후의 성장성을 믿고, 완전히 반해서 선택한 곳이기 때문이다. 그렇기에 5년, 10년이라는 장기 보유에 대한 자신감이 자연스럽게 생겨난다.

투자 판단의 기준은 '앞으로 크게 성장할 것으로 기대되는 메타 트렌드에 올라탔는가'와 '오랫동안 그 기업이나 서비스의 팬으로 남을 수 있는가'이다. 이 두 가지 기준이 명확하다면 단기적인 주가 변동은 오차 범위 안에 있다고 해도 과언이 아니다. 다시 말해 하루하루 일어나는 주가 변동은 사소한 노이즈에 불과하게 된다.

애초에 주가란 매일 오르락내리락한다. 주가의 움직임을 지나치게 신경 쓰면 그 오르내림에 휘둘리며 정신적으로도 지치게 된다. 좋을 것이 하나도 없기 때문에 나는 주가 차트를 매일 확인하지 않는다. 기왕 메타 트렌드 투자와 팬 투자를 할 바에는 매일 있는 주가 변동에 일희일비하지 말고 마음을 굳세게 먹도록 하자.

장기 보유

주가가 폭락하면
데이트나 해라

주식을 장기 보유하다 보면 어쩔 수 없이 주가가 급락하는 국면을 맞닥뜨리게 되는 경우가 있다. 그러나 설령 그것이 세계 경제 전체를 뒤흔드는 심각한 금융 위기라 하더라도 결국은 회복된다는 사실을 역사가 증명한다. 닷컴 버블의 붕괴도 그랬고, 리먼 사태도 그랬다. 대폭락 후 주가는 모두 다시 살아났다.

그렇게 생각하면 주가가 크게 하락한 날에 침울할 이유는 전혀 없다. 그럴 때는 기분 전환이 필요할 것이다. 연인과 데이트를 하러 가거나, 가족과 함께 평소보다 조금 비싼 외식을 즐기자. 긍정적으로 유연하게 기분을 전환하는 것이 중요하다.

장기 투자에서 주가 폭락은 어쩌면 일종의 통과 의례와 같다.

매번 비관하다 보면 정신이 피폐해지고 만다.

그리고 폭락은 큰 기회라고 생각할 수도 있다. 시장 전체가 비관에 휩싸여 추락하고 있을 때는 우량 기업이나 장래가 유망한 기업의 주가도 같이 내려간다. 즉 저렴한 가격에 매수할 수 있다.

주가 폭락도 다른 관점에서 보면 할인 행사가 된다. 그 시점에 전부터 관찰 목록에 넣어 두었던 기업의 주가가 내려가 있다면 매수해 보는 것도 좋다.

나는 테슬라의 주가가 내려가도 슬퍼하지 않는다. 메타 트렌드에 올라탈 것이라 믿고 있고, 내가 팬인 기업이기도 하다. 오히려 주가가 떨어지면 싸게 매수할 수 있는 기회라고 생각한다. 실제로 테슬라의 주가가 내려갔을 때 추가 매수한 적도 있다.

장기 투자이므로 금융 위기가 있어도 데이트를 하러 갈 수 있는 마음가짐이 필요하다. 주가 하락은 절호의 할인 행사라고 생각할 수 있는 대담함을 가지자.

장기 보유

장기 보유의
엄청난 위력

마이크로소프트의 창업자 빌 게이츠는 오랫동안 세계적인 부자로 이름을 떨쳐 왔다. 그런데 최근 블룸버그 부자 순위에서 한때 그의 부하 직원이었던 사람이 그의 자산 규모를 넘어서는 일이 벌어졌다. 그 인물이 바로 그의 후임으로 마이크로소프트의 CEO를 맡았던 스티브 발머이다.

블룸버그가 발표한 부자 순위 상위권은 일론 머스크나 제프 베이조스 등 직접 창업해서 한 세대 만에 막대한 부를 쌓은 창업 경영자들이 차지하고 있다. 그 가운데 발머처럼 고용된 CEO(월급쟁이 사장)가 이름을 올린 것은 극히 이례적이라고 할 수 있다. 가장 큰 요인은 바로 마이크로소프트 주식의 장기 보유에 있다.

발머가 CEO를 맡고 있던 기간 동안 마이크로소프트의 주가는 장기간 부진을 면치 못했고 투자자와 애널리스트들에게 끊임없이 비판을 받았다. 그 사이 게이츠는 자선 사업 등에 쓸 자금을 마련하기 위해 자신이 보유한 마이크로소프트 주식을 조금씩 매각해 나갔다. 그러나 발머는 CEO 재임 중은 물론, 퇴임한 후에도 자신이 보유한 마이크로소프트 주식을 팔지 않고 계속 보유했다.

그리고 발머가 CEO에서 퇴임한 뒤, 후임인 사티아 나델라가 이끄는 가운데 마이크로소프트의 주가는 눈부시게 급등했다. 클라우드 서비스 애저Azure의 비약적인 성장과 비즈니스 모델의 전환 등이 효과를 발휘하면서 마이크로소프트가 다시 한 번 강력한 성장 궤도에 올라선 것이다.

발머가 물러난 덕분에 주가가 오른 것이라고 비웃는 목소리마저 일부에서 들릴 정도였다. 그리고 아이러니하게도 이 주가 상승의 혜택을 가장 크게 누린 사람은 다른 누구도 아닌 발머였다.

이 에피소드는 주식의 장기 보유가 주가 급등의 혜택을 최대한 누리는 데 얼마나 효과적인 수단인지 여실히 보여주고 있다. 장기 보유를 통해 월급쟁이 사장의 자산이 창업자를 넘어선 것이다. 장기 투자의 진수를 이렇게 극적으로 보여준 사건도 또 없을 것이다.

분산 투자

포트폴리오는
한쪽으로 쏠려도 된다

투자의 세계에는 '계란을 한 바구니에 담지 말라'라는 유명한 격언이 있다. 여러 종목에 분산 투자함으로써 리스크를 줄여야 한다는 투자의 철칙을 설명한 말이다.

그러나 나의 실제 포트폴리오는 이 격언과는 대조적으로 상당히 편향되어 있다. 관심이 가는 기업에는 소액 투자를 해 보는 편이라 보유 종목 수 자체는 그럭저럭 많은 편이다. 하지만 시가 총액 기준으로 보면 포트폴리오의 약 90%를 IT 업계 상위 7개 기업이 차지하고 있는 상태다.

만약 IT 업계 전체가 닷컴 버블 붕괴와 같은 심각한 위기 상황을 맞게 된다면 내 포트폴리오는 치명적인 타격을 피할 수 없을 것이다. 하지만 나는 포트폴리오의 극단적인 편중을 그다지 신경 쓰지 않는다. 오히려 팬 투자를 실천한 결과 필연적으로 이렇게 된 것이라는 생각마저 든다.

팬 투자의 경우, 투자 대상이 자신의 전문 분야나 관심 업계에 치우치는 것은 자연스러운 흐름이다. 나처럼 오랜 기간 IT 업계에서 일해 온 사람이라면 투자 기업이 IT 업계에 집중되는 것도 어쩔 수 없는 일이다. 이처럼 포트폴리오가 한쪽으로 쏠린다 해도 어쩔 수 없다는 철학을 가지게 된 에피소드가 있다.

예전에 메릴린치(현 BofA 증권)의 재정 자문가를 만날 기회가 있었다. 그는 교과서적인 분산 투자의 관점에서 내 포트폴리오를 분석했다. 그리고 매우 놀란 표정으로 이렇게 말했다.

"일반적으로 상상할 수 없는 수준의 편중입니다. 이 정도로 IT 주식에 치우친 포트폴리오는 리스크가 너무 큽니다."

그런데 미팅의 막바지에 그는 이렇게 털어놓았다.

"하지만 솔직히 말씀드리면, 이런 투자 스타일을 실천할 수 있다는 점이 부럽습니다. 저로서는 도저히 흉내 낼 수 없는 방식입니다."

그는 재정 자문가라는 직업 특성상, 고객의 자금을 운용하는 입장에서 큰 손실이 발생했을 때의 책임을 고려해야만 한다. 그렇기 때문에 교과서적인 분산 투자를 원칙으로 삼을 수밖에 없다. 하지만 큰 수익을 노리려면 어느 정도의 리스크를 감수해야 한다는 점도 그는 충분히 이해하고 있다. 아마 내 포트폴리오를 보면서 전문가로서의 입장과 한 개인으로서의 솔직한 마음 사이에서 갈등을 느꼈을 것이다.

물론 일반적인 투자의 정석에서는 분산 투자가 권장된다. 그러나 자신이 열정을 쏟을 수 있는 분야, 즉 내가 팬인 기업에 대한 강한 신뢰가 있다면 굳이 분산을 지나치게 신경 쓸 필요는 없다고 나는 생각한다. 팬 투자에서 쏠림은 오히려 큰 수익을 얻기 위한 강점이 될 수 있기 때문이다.

분산 투자

헤아릴 수 없는 중국 리스크

대만에 본사를 둔 TSMC는 세계 최대의 반도체 파운드리 기업이다. 2024년에는 일본 구마모토현에 대규모 공장을 새로 건설해 일본 내에서도 큰 화제가 되었다.

TSMC는 세계 최첨단 반도체 제조 기술을 보유하고 있으며, 효율적이고 견고한 글로벌 공급망을 구축하고 있다. 게다가 높은 수익성을 자랑하는 비즈니스 모델을 보유하고 있어서 투자자들이 보기에 수많은 매력을 갖추고 있다.

평소 같으면 내가 팬이 된다 해도 전혀 이상하지 않을 만큼 매우 훌륭한 기업이다. 그러나 이 회사에는 치명적이라고도 할 수 있는 불안 요소가 있다. 바로 중국 리스크다.

안타깝게도 중국 정부가 대만을 무력 침공할 가능성을 부정할 수 없다. 만약 그런 일이 발생한다면 대만 경제는 큰 혼란에 빠질 것이다. 그리고 TSMC의 주가 역시 마찬가지로 폭락할 것임을 어렵지 않게 예상할 수 있다.

중국 본토에 기반을 둔 중국 기업들 또한 심각한 중국 리스크를 안고 있다. 텐센트, 알리바바, BYD 등 중국에는 세계적으로 높은 경쟁력을 지닌 매력적인 기업들이 다수 존재한다. 나아가 향후 비약적인 성장이 기대되는 유망한 벤처 기업들도 속속 등장하고 있다.

우선 자율 주행용 AI 칩을 개발하는 호라이즌 로보틱스가 그 예다. 그리고 지커는 알파벳(구글) 산하의 자율 주행차 개발 기업 웨이모와 공동으로 자율 주행차를 개발하고 있다. 자율 주행 분야를 선도하는 웨이모와 공동 개발을 한다는 것은 업계의 미래를 이끌어갈 매우 유망한 위치에 있다는 뜻이다.

그러나 이러한 중국 기업에 투자할 때 피할 수 없는 최대의 장벽은 중국 공산당의 존재다. 실제로 텐센트는 과거 중국 공산당의 일방적인 게임 산업 규제 강화로 의해 주가가 크게 하락한 적이 있다. 중국 공산당의 움직임은 불투명하며, 언제 어떤 방침을 내놓을지 외부에서는 전혀 예측할 수 없다.

더욱 대처하기 까다로운 점은 리스크가 기업 자체의 우수성이나 기술력, 성장 전략의 우열과는 상관이 없다는 것이다. 중국 공산당의 독단, 그 순간의 정치적 판단에 따라 기업 경영이 심각한 영향을 받을 수 있다. 최악의 경우에는 세상을 바꾸려 했던 혁신적인 비전 자체가 하루아침에 날아가 버릴 수도 있다. 그 정도 위험까지 존재한다.

이처럼 예측 불가능한 중국 리스크를 신경 쓰게 될 수밖에 없다. 나도 예전에 텐센트 주식을 보유한 적이 있었지만 이 리스크를 견디지 못하고 결국 처분하고 말았다.

나아가 중국 리스크는 중국 공산당의 동향 문제에만 국한되지 않는다. 앞으로 미국 정부가 중국산 제품에 높은 관세를 부과할 가능성도 충분히 고려할 수 있다. 그 경우, 예를 들어 웨이모는 자율주행차를 현재의 지커가 아니라 다른 국가의 자동차 제조사에서 조달할 수밖에 없을 것이다.

특히 도널드 트럼프가 다시 미국 대통령에 당선되어 미중 간 경제 경쟁과 무역 마찰은 더욱 격화될 것으로 예상된다. 중국 리스크는 앞으로 더욱 심각해질 가능성이 높다.

다시 말해 중국과 관련된 기업들은 우리의 노력으로는 어찌할 수 없는 예측 불가능한 외부 요인으로 인해 큰 손실을 입을 위험이 있다. 이런 중국 리스크를 안고 있는 기업에 대한 투자는 어쩔 수 없이 신중해질 수밖에 없다.

매도 시기

돈이 급할 때 필요한 만큼만 팔아라

장기 보유를 전제로 투자하다 보면, 막상 이익을 실현하려 할 때 팔 시점을 판단하기 어렵다. 설령 주가가 크게 상승하더라도 '이 회사라면 아직도 성장할 것 같다' 또는 '이 기업이 좋아서 팔고 싶지 않다'라고 생각하는 것은 자연스러운 일이다.

특히 팬 투자인 경우에는 기업에 대한 애착이 강하기 때문에 매각에 대한 심리적 저항이 더욱 크다. 그런 상황에서 매도 시기를 어떻게 판단하면 좋을까?

하나의 명확한 기준은 목돈이 필요할 때다. 가령 집이나 자동차 구매, 자녀의 학비나 유학비 등 인생의 중요한 시점에서 큰 지출이 필요한 경우는 누구에게나 찾아온다. 그런 타이밍에 보유 주식을 일부 매각해서 필요한 자금을 마련한다.

실제로 나도 하와이에 있는 집에 테슬라의 솔라루프를 설치할 때 테슬라 주식 일부를 매각해서 설치비의 일부를 충당했다. 나는 기본적으로 현금을 거의 보유하지 않기 때문에, 목돈이 필요할 때 주식을 매각할 필요가 있었다.

또 다른 매각 이유는 새로 팬이 되고 싶은 기업을 발견했을 때다. 만약 더 매력적인 투자 대상을 찾았다고 확신할 수 있다면, 자금을 그쪽으로 이동시키기 위해 우선순위가 낮은 종목부터 순차적으로 매각하면 좋을 것이다.

나는 하와이의 집에 놓기 위해 템퍼 실리 인터내셔널 Tempur Sealy International 매트리스를 구매했다. 당시 여러 회사의 제품을 알아보고, 실제 쇼룸에서 직접 누워서 체험해 봤다. 그중 템퍼 매트리스가 내 몸에 가장 잘 맞아 구매를 결정했다. 그리고 언제나 그렇듯, 제품이 마음에 들면 그 기업의 주식도 구매한다는 방침을 따라 템퍼 주식도 매입했다.

하지만 솔직히 말하면 이 기업에 대한 애정은 예전에 비해 점점 옅어지고 있다. 구매한 지 약 4년이 지났는데 주가는 조금밖에 오르지 않았다. 물론 주가가 상승한 것 자체는 기쁘지만, 지금까지 경험해 온 IT 주식과 비교하면 다소 부족하게 느껴진다.

비즈니스 규모나 성장 속도 측면에서도 아쉬움이 있는 것이 사실이다. 적어도 내게 투자 대상으로서 이 회사의 우선순위는 그리

높지 않다. 현재로서는 명확한 매각 이유가 없기에 그대로 보유하고 있지만, 더 매력적인 투자 기업이 나타난다면 가장 먼저 매각하게 될 것이다.

요약하면 큰 지출이 발생할 때 또는 새로 팬이 되고 싶은 기업을 발견했을 때 타이밍에 맞춰서 '필요하니까 어쩔 수 없지'라며 시원하게 매각하는 것이 가장 자연스러운 매도 시점이다.

매도 시기

경영자 교체는 매매의 전환점

목돈이 필요할 때 외에 경영자가 교체되는 시점도 아주 좋은 매도 타이밍이다.

CEO가 누구인가는 해당 기업의 장기적인 경영 전략, 기업 문화 그리고 장래성을 좌우하는 가장 중요한 요소라고 할 수 있다. 오랜 경영 방침이나 기업 문화가 한 번의 CEO 교체로 크게 변하는 일도 드물지 않다. 그러므로 경영자가 교체된다면 그 시점에서 잠시 멈춰 서서 생각해 보는 것이 좋다.

'보유 주식을 매도해야 할까', '계속 보유해야 할까' 혹은 '추가 매수해야 할까', '신규로 매수해야 할까'를 이 시점에서 다시 생각해 봐야 한다.

나 자신의 투자 경험을 되돌아봐도 마이크로소프트 주식은 경영자 교체가 매도와 매수의 명확한 판단 기준이 되었다. 나는 스티브 발머가 CEO를 맡았던 시절, 마이크로소프트 주식을 (직원 주식 보유를 통한 일부를 제외하고) 거의 모두 매도해 버렸다.

발머가 CEO였을 때 마이크로소프트는 큰 변화를 일으키지 못했고, 새로운 성장 전략이나 명확한 사업 방향을 제시하지 못한다는 인상을 지울 수 없었다. 발머가 CEO였던 시기에 마이크로소프트는 윈도우와 오피스 등 기존 소프트웨어 사업에 전적으로 의존하고 있었으며, 차세대 성장 분야나 뚜렷한 비전을 제시하지 못하고 있었다. 특히 모바일(스마트폰) 대응에 뒤처지면서 미래 성장 전략에 큰 불안을 느끼고 있었다.

발머가 CEO로 취임한 후로 주가도 오랫동안 저조했다. 이제 이 종목의 매력과 미래에 대한 기대가 희박하다고 판단해서 매도를 결정한 것이다.

그 후 발머가 CEO에서 물러나고 사티아 나델라가 신임 CEO로 취임했다. 나델라는 취임 직후부터 '클라우드 퍼스트'를 내세우며 클라우드 사업(애저)에 대한 대규모 투자, 오픈소스화에 대한 적극적 접근 등 과감한 경영 개혁을 단행했다.

그 결과 마이크로소프트의 주가는 눈부시게 급등했다. 나는 나델라가 CEO로 취임한 2015년 전후부터 마이크로소프트 주식을 다시 매수하기 시작했고, 현재는 내 포트폴리오의 중요한 한 축을 차지할 정도가 되었다.

　스타벅스와 관련해서도 유사한 경험을 했다. 나는 하워드 슐츠가 처음 CEO에서 물러났을 때, 보유하고 있던 스타벅스 주식을 일단 전량 매도했다. 그러나 그 후 슐츠는 CEO로 복귀해서 정체되어 있던 스타벅스를 다시 강력한 성장 궤도에 올려놓았다.

　나는 슐츠가 CEO로 복귀하던 시점에서 스타벅스답게 고객 경험을 중시한 혁신적인 매장 운영과 경영 전략이 돌아올 것이라고 확신하며 다시 스타벅스 주식을 매수했다. 실제로 스타벅스는 내 기대대로 강력한 재성장을 이뤄냈다. 다만 그 후 다시 스타벅스 주식을 매도하게 되었는데, 이것은 코로나19 팬데믹이라는 전혀 다른 외부 요인 때문이었다.

　경영자의 교체는 기업에게 매우 중요한 터닝 포인트이다. 그리고 투자자에게는 자신이 보유하고 있는 종목을 다시 검토할 수 있는 절호의 기회이다.

매도 시기

일단 해 본다는 정신이
승률을 높인다

지금까지 주식 매수 방법, 장기 보유의 장점, 분산 투자의 필요성, 매도 시점 등 내가 투자할 때 중요하게 생각하는 다양한 규칙에 대해 이야기했다. 그리고 이 모든 규칙의 근간이 되는 가장 중요한 마음가짐이 바로 일단 해 본다는 정신이다. '일단 해 본다', '일단 만들어 본다'라는 정신은 내가 엔지니어로서 가장 중요하게 여기는 신조이기도 하다.

아무리 훌륭한 아이디어라도 머릿속에서만 생각하면 실체로 나오지 못한다. 프로토타입(시제품)이라도 좋으니 우선 자신의 손으로 무엇이든 만들어 보는 일, 여기서 모든 것이 시작된다. 형태를 갖춘 무언가로 만들어 봄으로써 비로소 '이건 재미있다', '이건 조금 아니다'와 같은 감각적 판단이 가능해진다.

프로토타입을 만든다고 하면 처음부터 완벽을 목표로 삼기 쉽지만, 전혀 그럴 필요는 없다. 오히려 점토를 다루듯 자유로운 발상과 가벼운 마음으로 계속 시도해 보는 것이 중요하다. 처음부터 완성도를 지나치게 추구하면 실패를 두려워해서 유연한 발상을 할 수 없게 되기 때문이다.

예를 들면 30분 정도 시간을 내어 시험 삼아 코드를 작성해 본다. 그러면 자신도 예상치 못한 흥미로운 동작이나 새로운 기능의 아이디어를 발견할 수 있을지도 모른다. 만약 잘되지 않으면 주저 없이 내버리고 다음 아이디어를 시도하면 된다.

중요한 것은 실패를 두려워하지 않고 시행착오를 반복하는 일이다. 그리고 이 '일단 만들어 본다' 정신은 메타 트렌드 투자 및 팬 투자와도 일맥상통하는 부분이 있다. 당연히 만들어 보는 과정에서 실패도 많이 경험하게 된다. 엔지니어로서 내가 작성한 코드 뒤에는 그 몇 배나 되는 버려진 코드가 존재한다. 투자에서도 마찬가지다.

유망 기업 10곳을 찾아 관찰 목록에 올리고 지속적으로 관찰한다고 해도, 최종적으로 자신 있게 투자할 수 있는 기업은 1~2곳에 불과한 경우가 드물지 않다. 수많은 시간과 노력을 들여 조사했음에도 확신이 서지 않아 투자를 보류하는 경우도 셀 수 없이 많다. 그러나 바로 그 시행착오 덕분에, 정말 흥미롭다고 확신할 수 있는 기업을 만났을 때의 기쁨은 배가 된다.

　중요한 부분은 처음부터 한 기업에 모든 것을 거는 무모한 행동을 하지 않는 일이다. 10곳 중 2곳에 투자할 수 있으면 충분하다는 식의, 일종의 가벼운 마음가짐으로 임해 보기를 권한다. 투자나 엔지니어링이나 실패를 두려워하며 아무것도 하지 않는 것이 가장 큰 손실이다. 실제로 손을 움직이고 시행착오를 반복하는 것이 가장 빠르고 확실한 성공으로 가는 지름길이다.

　아기들은 '걷기 학원'에 가지 않아도 여러 번 넘어지고 실패하면서 시행착오를 반복해 스스로 걸을 수 있게 된다. 마찬가지로 투자에서도 먼저 스스로 생각하고 행동해 보는 것이 중요하다. 그 과정에서 얻은 경험과 감각이 다음 투자에 대한 판단을 더욱 확실하게 만들어준다.

　이 '일단 해 본다'라는 정신이야말로 내가 오랜 경험을 통해 얻은 투자에서 가장 중요한 성공 비결이다. 예측이 어렵고 불확실성이 높은 투자의 세계에서 이 마음가짐은 당신의 성공 확률을 높여줄 것이다.

6장

국내 주식, 투자 신탁, 금, 가상 화폐

리스크 대비를 위한
투자 범위 확대

'계란을 한 바구니에 담지 말라'라는 말은 분산 투자를 통해 리스크를 줄여야 한다는 투자 격언이다. 실제로 모든 계란을 바구니 하나에 담아 두면, 그 바구니를 떨어뜨렸을 때 계란이 모두 깨지게 된다. 투자에 비유하면 자산 전체가 큰 피해를 입을 위험이 커지는 셈이다.

반면 계란을 여러 개의 바구니에 나누어 담아 두면 한 바구니를 떨어뜨리더라도 다른 바구니 속 계란은 무사하다. 즉, 여러 종목에 투자 대상을 분산해 두면, 가령 A사의 주가가 폭락하더라도 B사의 주가는 영향을 받지 않을 수도 있다. 오히려 C사의 주가는 상승하는 경우조차 충분히 일어날 수 있다.

자산을 분산함으로써 전체적인 리스크를 효과적으로 줄일 수 있지만, 같은 주식이라는 범주 안에서 아무리 종목을 분산하더라도 그 분산 효과에는 한계가 있다. 예를 들어 리먼 사태나 코로나19 등의 금융 위기가 발생하면 거의 모든 주식이 크게 하락하게 된다.

따라서 보다 효과적으로 리스크에 대비해서 자산을 지키고자 한다면, 주식이라는 범주를 넘어 투자 대상을 조금 더 넓히는 것도 좋다. 한 예로 금은 주식을 대체할 수 있는 효과적인 선택지 중 하나이다. 일반적으로 금 가격은 주식 시장과 역상관관계에 있다고 알려져 있다. 즉 주가가 하락하는 국면에서 금 가격은 상승하는 경향이 있다.

국제 정세의 악화나 금융 위기가 발생하면 투자자는 리스크 회피를 위해 더 안전한 자산으로 자금을 옮기려 한다. 그 결과 안전 자산으로서 인기가 많은 금에 자금이 유입되어 가격이 상승하기 쉬운 특징이 있다.

마찬가지로 부동산과 국채 등도 주식과는 다른 가격 움직임을 보이는 경우가 많으므로 분산 투자 대상으로서 검토할 가치가 있다. 좀 더 안정적인 투자를 원한다면 주식에만 집중하지 말고 이러한 금융 상품에도 분산하는 것이 바람직하다.

분산 투자는
공격 전략이 될 수도 있다

주식과 금은 역상관관계라고 흔히 말한다. 가령 전체 자산의 4분의 1을 금으로 보유하고 있다고 가정해 보자. 주식 시장이 갑자기 폭락하더라도 금 가격이 하락하는 경우는 드물 것이다. 오히려 안전자산으로 주목받아 가격이 상승할 가능성이 높다. 그렇게 된다면 주식에서 발생한 손실을 금의 상승 이익으로 상쇄할 수 있다. 이로써 포트폴리오 전체의 하락 폭을 어느 정도 억제할 수 있을 것이다.

    여기까지는 수비로서의 분산 투자다. 그런데 여기서 더 나아가 공격으로 전환할 수도 있다. 상승한 금을 매도하고, 그 자금으로 폭락한 주식을 대거 매수하는 방법이다. 나는 이처럼 수비와 공격을 동시에 실현하는 자산 운용을 부동산 투자에서 실천한 경험이 있다.

리먼 사태 직후, 나는 오히려 하락세가 이어지고 있던 부동산에 적극적으로 투자했다. 리먼 사태는 서브프라임 모기지(신용이 낮아서 좋은 조건으로는 대출을 받을 수 없는 개인을 대상으로 한 주택 담보 대출) 문제를 계기로 발생한 금융 위기였다. 그 여파로 부동산 시장은 주식 시장보다 훨씬 더 큰 폭으로 그리고 급속하게 하락하고 있었다.

시장 전체가 패닉 상태에 빠진 결과 수많은 부동산이 비정상적으로 저렴한 가격에 매물로 나왔다. 말 그대로 가성비 좋은 매물이 시내 전체에 넘쳐나는 상황이었다.

그래서 나는 시애틀 근교의 자택 주변에서 앞으로 가치 상승을 기대할 수 있는 우량 부동산을 여러 채 집중적으로 매수했다. 이후 경제가 리먼 사태의 영향에서 점차 회복함에 따라 부동산 가격도 순조롭게 반등했고, 결국 고가에 매각하여 큰 이익을 손에 넣을 수 있었다.

주식 시장의 폭락이나 세계 경제를 뒤흔드는 금융 위기가 발생하면 시장 전체가 극단적인 비관론에 휩싸이게 된다. 그 결과로 우량 기업의 주식이나 우량 부동산마저도 말도 안 되는 헐값에 매물로 나오는 경우가 많다.

이처럼 폭락이라는 일종의 할인 행사 국면에서 얼마나 기민하게 움직일 수 있느냐가 관건이다. 그러기 위해서는 미리 자산의 일부를 금과 같은 안전 자산에 배분해 두고 폭락에 대비해 두는 것이 좋다. 이렇게 생각해 보면 분산 투자는 단순한 수비 전략에 그치지 않고, 시장의 혼란을 기회로 바꾸는 공격 전략이기도 한 것이다.

가상 화폐는
언젠가 안전 자산이 될까?

비트코인을 '디지털 금'이라고 부르며 실제 금과 같은 리스크 대비 자산으로 보는 시각이 있다. 그러나 나는 현시점에서는 비트코인을 디지털 금이라고 부르기는 아직 시기상조이며 불안정한 요소가 너무 많다고 느끼고 있다.

보통 국제 정세가 긴박해지면 투자자들의 리스크 회피 성향이 높아진다. 그 결과 주식 시장에서 자금이 빠져나가 주가가 하락하는 경향이 나타난다. 그리고 그 빠져나간 자금이 비트코인처럼 주식 시장과 상관관계가 약한 자산으로 흘러들어 갈 것이라는 기대가 있었다. 그러나 최근 비트코인과 다른 가상 화폐(암호 화폐) 전체의 흐름을 보면 주식 시장과의 역상관관계는 보이지 않는다. 오히려 주가와 연동되기 시작한 듯한 인상마저 받는다.

　리스크 관리의 관점에서 본다면 현시점에서는 금이 우세하다. 금 가격은 국제 정세가 긴박해질 때 확실히 상승한다. 오랜 역사와 전 세계적인 신뢰가 뒷받침되고 있기 때문이다. 반면 비트코인을 비롯한 가상 화폐 시장은 역사가 짧고 성숙도가 부족하다. 또 각국 정부의 규제 강화, 거래소 해킹 등의 기술적 문제도 빈번하다. 이런 다양한 외부 요인으로 인해 가격이 크게 출렁이기 쉬운 것이 현재 상황이다.

　이러한 상황을 감안하면 비트코인은 주식에 대한 리스크 억제 수단으로서는 아직 역부족이라고 할 수밖에 없다. 실제로 나 역시 비트코인을 조금 보유하고 있지만, 역시 기대했던 만큼의 리스크 대비 효과를 충분히 발휘하지 못하고 있다는 생각이 든다.

　다만 언젠가 금과 같은 안전 자산으로 인식되는 날이 올지도 모른다는 가능성을 완전히 배제할 수 없기에 시험 삼아 보유하고 있다. 그저 그 정도의 느낌이다. 현시점에서 비트코인이 금과 어깨를 나란히 하는 존재가 되기까지는 아직 갈 길이 멀다.

　언젠가 비트코인이 금을 대신할 새로운 안전 자산의 지위를 확립할 가능성도 완전히 부정할 수는 없다. 그러나 그것이 실현되려면 규제와 기술적 과제를 해결해야 하며, 더 나아가 투자자들 사이에서 비트코인은 신뢰할 수 있다는 세계적인 합의가 형성될 필요가 있다. 아무리 혁신적인 기술이나 개념을 갖추고 있더라도 안전 자산으로서 실적을 쌓아가려면 거기에 걸맞은 시간과 신뢰가 요구되는 법이다.

비트코인은 어디까지 오를 것인가?

가상 화폐 시장은 2022년 대형 암호 화폐 거래소인 FTX의 파산을 비롯한 잇따른 실패로 인해 장기간의 침체기에 들어섰다. 그러나 2024년 미국 대통령 선거에서 가상 화폐 지지를 공언한 도널드 트럼프가 당선된 후 새 행정부는 가상 화폐에 대한 규제 완화 방침을 내놓았다. 이것을 계기로 가상 화폐 시장 전체에 다시 활기가 돌아오고 있다. 실제로 비트코인 가격은 한때 1BTC당 10만 달러를 돌파했다.

    게다가 미국 정부가 거액의 재정 적자를 계속 보유한 현재 상황으로 인해 달러를 점점 더 불신하는 투자자들이 일정 수 존재한다. 이 투자자들 사이에서는 자산의 일부를 비트코인 등 가상 화폐로 옮겨 두려는 움직임이 한층 강화되고 있다.

하지만 가상 화폐를 둘러싼 환경 변화와 비트코인 가격의 급격한 상승에도 불구하고, 나는 자산의 대부분을 가상 화폐에 투자할 생각은 들지 않는다. 가장 큰 이유는 가상 화폐가 본질적으로 가치를 창출하는 시스템이나 이익을 내는 사업 구조를 갖고 있지 않기 때문이다.

주식 투자라면 그 기업의 가치를 어느 정도 객관적으로 평가할 수 있다. 그러나 비트코인은 기업처럼 배당을 창출하지도 않고, 금처럼 실질적인 가치를 갖고 있지도 않다. 그렇기에 비트코인의 적정 가격을 산정하는 일은 원리상 불가능하다.

내가 보기에 비트코인 등의 가상 화폐는 실체 없는 이상한 회사의 주식과 같다. PER(주가수익비율)이나 PBR(주가순자산비율)도 계산 불가(혹은 무한대)다. 직원도 존재하지 않으며, 미래에 주식의 분할이나 합병, 증자나 자사주 매입 등으로 주식 수가 변동할 일도 없다.

주식은 기업의 성장성과 이익을 창출하는 사업 구조 자체에 투자할 수 있다. 그러나 가상 화폐는 오로지 수요와 공급의 균형으로 가격이 결정되고, 시장 참가자들의 심리에 가격 형성이 좌우된다. 그렇기에 본질적인 가치의 뒷받침이 부족하고, 가격 변동이 매우 크며, 갑자기 오르내리기 쉽다. 리스크가 매우 높은 존재인 것이다.

비트코인이 급등했다는 뉴스를 보면 '비트코인을 조금 더 사둘 걸 그랬나' 하는 후회가 들기도 한다. 그러나 가치를 창출하는 실체적인 비즈니스 모델이 존재하지 않는다는 점이 여전히 걸린다.

트럼프 행정부가 출범하면서 가상 화폐에 대한 자금 유입이 가속화되어 가격이 계속 상승할 가능성도 있다. 하지만 그렇다고 해서 장기적으로 안정적인 가치를 지닌 자산이라고 부를 수 있을지는 여전히 불투명하다. 앞으로도 각국 정부의 규제 강화 등으로 인해 가상 화폐 시장이 크게 변동할 가능성은 충분히 존재한다. 비트코인이 앞으로 널리 보급되고 가격이 안정되려면 아직 많은 과제가 남아 있다.

현재 나는 비트코인과 이더리움을 소량 보유하고 있는데, 당분간은 그대로 둘 계획이다. 미래 성장성에 강한 확신이 있어서가 아니라, 단순히 팔 이유가 없어서라는 소극적 보유다. 동시에 적극적으로 추가 매수할 이유도 없기 때문에 한동안은 방치할 생각이다.

블록체인은 메타 트렌드가 될 수 없다

나는 한때 비트코인을 비롯한 가상 화폐와 그것을 지탱하는 기반 기술인 블록체인에 대해 메타 트렌드로서 큰 가능성을 느꼈다. 화폐 혁명이라고도 할 수 있는, 사회 변혁에 대한 큰 기대를 품고 있었던 것이다. 하지만 유감스럽게도 현시점에서는 그 기대가 크게 배신당했다. 내가 메타 트렌드라고 생각하는 것들의 목록에서도 블록체인은 제외되었다.

한때는 미래에 비트코인으로 일상적인 구매가 가능해질 것이라는 이야기가 있었다. 이더리움 스마트 계약(컴퓨터 프로그램을 통한 계약 자동화)이 모든 비즈니스 현장에서 활용되어 계약의 자동화와 효율화를 실현할 것이라는 예상도 있었다. 블록체인 기술이 사회

인프라로서 널리 보급되어 사람들의 생활과 비즈니스 방식을 완전히 바꿀 것이라는 이야기가 그럴듯하게 돌아다녔다.

하지만 그 후로 오랜 시간이 지났음에도, 혁명이라고 할 만큼 세상을 근본적으로 바꾸는 변화는 아직 일어나지 않았다. 그리고 나는 그런 이상적인 미래가 앞으로도 찾아오지 않을 가능성이 높다고 생각한다.

이 업계에서 존재감을 드러내고 있는 것으로 '디파이 DeFi(분산형 금융)'가 있다. 디파이는 가상 화폐를 맡기면 높은 수익률을 얻을 수 있을지도 모른다는, 실체가 불분명한 투기적 서비스다. 혹은 게임만 해도 돈을 번다고 내세우는 '게임파이 GameFi', 이른바 블록체인 게임 정도가 일반 사용자의 눈에 띄는 형태로 남아 있다.

즉 쉽고 편하게 돈을 벌고 싶다는 인간의 욕망과 사행심을 이용한 투기적 비즈니스 모델만이 간신히 살아남아 활개 치는 상황인 것이다. 그것을 좋아하는 사람들이 있다면 괜찮다. 그러나 적어도 나는 그런 투기의 세계에는 참여하고 싶지 않다.

법에 저촉되는, 뒤가 구린 비즈니스라는 말을 하고 싶은 것은 아니다. 이런 비즈니스를 계속한다고 해서 체포될 걱정은 아마 없을 것이다. 하지만 아무리 합법적인 비즈니스라 해도, 담배를 판매하는 사업과 본질적으로 다르지 않다.

담배 산업의 본질은 니코틴 중독자를 반영구적인 재구매자로 만들어 장기적으로 안정적인 이익을 창출하는 비즈니스다. 사회에 가치를 제공하지 않는다. 현재 블록체인을 이용해서 운영되는 비즈니스는 본질적으로 이러한 담배 산업과 같다고 나는 생각한다.

IT와 기술 산업의 목표는 사람들의 삶을 풍요롭고 편리하게 바꾸는, 진정으로 가치 있는 기술과 서비스를 창출하는 일이어야 한다고 본다. 그 속에서 사용자가 실제로 기술 또는 서비스를 이용하는 상황이 있고, 사람들이 기꺼이 돈을 지불하는 건전한 대가의 교환이 있어야만 경제적 수익도 발생한다.

그러나 가상 화폐와 블록체인에 관해서는 아직도 그 수긍할 만한 용도, 즉 사람들에게 널리 보급되는 미래의 모습이 전혀 보이지 않는다. 이러한 이유로 현시점에서는 투자 대상으로서나 비즈니스 소재로서나 크게 실망했으며 관심도 없다. 이미 메타 트렌드에서는 완전히 제외한 상태다.

은행 예금이 초래하는
기회 손실

은행 예금은 원금 보장이 되기 때문에 언뜻 생각하기에는 안심할 수 있고 안전하게 느껴진다. 페이오프 제도에 따라 은행이 파산하더라도 1,000만 엔까지 예금과 이자가 보호되기 때문이다(한국의 예금 보호 제도는 1억 원까지 보호됨_옮긴이).

그렇다고 해서 단순히 예금만으로 자산이 확실히 불어나는 것은 아니다. 오히려 세계 각국에서 인플레이션이 진행되는 상황에서는 현금의 가치가 줄어들 리스크를 계속 안고 있게 된다. 게다가 은행 예금의 금리는 극히 미미하다. 예를 들어 2024년에 일본은행이 추가 금리 인상을 단행하면서 일본 3대 은행이 예금 금리를 인상했지만, 고작 0.02%에서 0.1%로 오른 정도였다. 100만 엔을 예금해도 연 이자는 고작 1,000엔에 불과하다.

반면 잠자는 돈을 투자로 돌리면 예금 금리보다 훨씬 높은 수익을 기대할 수 있다. 최근 일본에서는 새로운 NISA(소액 투자 비과세 제도)가 시작되어, S&P500이나 국내 주가 등 주가 지수와 연동되는 인덱스 펀드가 큰 주목을 받고 있다. 인덱스 펀드는 평균적으로 연 5% 정도의 수익률을 기대할 수 있다는 데이터도 있다.

나아가 개별 종목 투자의 경우, 메타 트렌드나 팬으로 활동할 기업을 잘 선별할 수 있다면 더 높은 수익을 얻을 기회도 존재한다. 물론 투자에는 그만한 리스크가 따른다. 그러나 그 리스크와 맞바꾸어 은행 예금과는 비교할 수 없이 높은 수익을 얻을 가능성이 생긴다.

은행 예금이 전혀 필요 없다는 이야기인가 하면 그렇지는 않다. 생활비나 긴급한 지출에 대비한 자금을 예금해 두는 것은 중요하다. 다만 그 외의 자금을 전부 은행에만 두면, 인플레이션에 따른 가치 하락은 물론이고 투자에 따른 자산 성장 기회도 놓치게 된다. 필요 이상으로 예금을 늘리는 일 또한 하나의 리스크인 것이다.

재미는 없지만 꾸준한
인덱스 펀드

'은행 예금의 리스크는 알겠지만, 메타 트렌드 투자나 팬 투자처럼 적극적으로 직접 종목을 고르는 것은 진입 장벽이 높다.'

'개별 주식 투자는 귀찮고, 아무래도 리스크도 걱정된다.'

이렇게 느끼는 사람도 결코 적지 않을 것이다. 실제로 개별 기업을 고르는 어려움, 기업을 하나하나 분석하는 수고, 개별 주식 투자에 따르는 리스크를 생각하면 선뜻 나서지 못하는 것도 당연하다.

그런 사람들에게는 투자 신탁을 추천한다. 투자 신탁은 많은 투자자로부터 자금을 모으고, 운용 전문가인 펀드 매니저가 그 자금을 주식이나 채권 등 여러 자산에 투자 및 운용하는 금융 상품이다. 그중에서도 특히 추천할 만한 것은 인덱스 펀드나 ETF(상장 지수 펀드) 투자다.

인덱스 펀드란 S&P500이나 국내 주가 등 특정 지수(인덱스)와 동일한 움직임을 목표로 삼는 운용 방식(인덱스 운용)을 채택한 투자 신탁이다. 한편 ETF는 투자 신탁의 일종이지만 증권 거래소에 상장되어 있어서 주식처럼 실시간으로 거래할 수 있다.

인덱스 펀드나 ETF 투자는 개별 주식 투자처럼 단기간에 주가가 몇 배, 몇십 배로 오르는 폭발적인 수익을 기대하기는 어렵다. 그러나 뒤집어서 생각하면 큰 손실을 입을 위험도 그만큼 낮다는 뜻이다. 인덱스 펀드와 ETF 투자는 모두 앞으로 세계 경제의 중장기적 성장의 혜택을 꾸준히 누리게 될 가능성이 높은, 안정적인 투자 방식이라고 할 수 있다.

무엇보다도 투자에 드는 수고가 거의 필요 없다는 점은 바쁜 현대인에게 매우 큰 장점이다. 인덱스 펀드와 ETF는 시장 전체나 특정 지수와 연동되도록 자동적으로 폭넓게 분산 투자된다. 따라서 개별 종목을 하나하나 분석하고 고르는 데 막대한 시간과 노력을 들일 필요가 없다.

또 인덱스 펀드와 ETF는 메타 트렌드 투자와 마찬가지로, 10~20년 혹은 그보다 더 긴 기간 동안 차근차근 시간을 들여 자산을 키워 가는 장기 투자를 전제로 한 투자 방식이다. 따라서 투자를 시작한 뒤에는 기본적으로 손대지 않아도 된다. 단기적인 경기 변동이나 개별 기업의 실적, 주가의 급등락에 일희일비하며 정신적으로 피폐해질 일도 없을 것이다.

'투자한 기업이 파산해서 내가 투자한 돈이 다 날아가면 어떻게 하지?' 등 개별주 투자에 따라붙는 불안이나 걱정과도 거리가 멀다. 인덱스 펀드와 ETF는 다수의 기업에 분산 투자되어 있다. 가령 한 기업이 도산하더라도 그 영향은 제한적이며, 자산 전체가 날아갈 위험은 극히 낮다.

나는 메타 트렌드 투자와 팬 투자 등 개별 종목에 대한 적극적인 투자를 하고 있다. 하지만 ETF에도 일부 자금을 배분하고 있다. 마이크로소프트에서 일하던 시절에는 미국의 기업형 확정 기여 연금 제도인 401K를 통해 투자해 왔다. 구체적으로는 '뱅가드 S&P500 ETF', '뱅가드 러셀 1000 성장주 ETF' 등에 장기간 투자하고 있다.

인덱스 펀드나 ETF에 투자할 때도 개별 주식 투자와 마찬가지로 달러 코스트 평균법을 이용해서 적립식 투자를 하는 것이 좋다. 고점 매수를 피하기 위해서다. 그리고 세제 혜택을 받을 수 있는 제도를 활용하면 효율적인 장기 투자가 가능하다.

솔직히 말해서 인덱스 펀드와 ETF는 팬 투자나 메타 트렌드 투자에 비하면 직접 돈을 굴리면서 경험할 수 있는 기대나 재미는 없다. 그러나 주식 투자에 대한 진입 장벽을 크게 낮추고, 장기적인 자산 형성을 안정적으로 실현할 수 있는 수단으로서 매우 훌륭하다고 평가할 수 있다. 투자는 하고 싶지만 개별 종목을 고르는 데 시간을 들이고 싶지 않은 사람들에게 인덱스 펀드와 ETF는 딱 알맞은 타협점이 될 것이라고 생각한다.

투자 신탁 선택의
함정

개별 주식 투자에 소극적인 사람들에게 인덱스 펀드와 ETF는 매우 좋은 금융 상품이다. 다만 운용 보수(수수료)를 주의해야 한다.

은행이나 우체국 또는 증권사 창구에서 투자 신탁에 대해 상담을 하게 되면, 백이면 백 판매 수수료나 운용 보수가 높은 상품을 권유받게 된다. 당연히 수수료가 높으면 높을수록 최종적으로 갖게 되는 이익은 확실히 줄어든다.

아무리 인덱스 펀드나 ETF의 성과가 좋아도 높은 수수료를 계속 지불한다면 큰 손실로 이어질 수 있다. 특히 인덱스 펀드나 ETF는 한번 매수하면 기본적으로 장기간 보유가 전제인 금융 상품이다. 그렇기 때문에 아주 작은 수수료 차이도 오랜 기간 누적되면 티

끌 모아 태산이 된다.

인덱스 투자와 ETF 투자는 기본적으로 한번 시작한 후에는 방치해 두어도 괜찮다. 그렇기에 투자를 시작하면서 상품을 선택할 때 가능한 한 수수료가 낮고 비용 대비 성과가 뛰어난 상품을 고르는 데 철저히 신경 써야 한다.

참고로 내가 투자하는 '뱅가드 S&P500 ETF'는 운용 보수가 연 0.03%로 놀라울 만큼 저렴하다. 인덱스 투자와 ETF 투자의 장점은 자금을 맡겨 두기만 해도 비용을 최대한 절약하면서 어느 정도 시장 성장의 혜택을 받을 수 있는 것이다. 이 장점을 최대한 누리려면 '뱅가드 S&P500 ETF'처럼 운용 보수가 매우 낮은 상품을 선택해야 한다.

판매 수수료와 운용 보수 등의 각종 비용을 줄이려면 기본적으로 사람을 거치지 않는 거래가 효과적이다. 다시 말해 온라인 증권사를 이용하는 것이 좋다. 은행, 우체국, 증권사 창구는 인건비와 업장 유지비 등의 비용이 발생하기 때문에 어쩔 수 없이 수수료가 높아지기 쉽다. 반면 온라인 증권사는 그러한 비용을 대폭 줄일 수 있으며, 그 결과 비용 대비 성과가 뛰어난 매력적인 상품을 제공할 수 있다.

액티브 펀드는 사지 마라

은행이나 우체국 또는 증권사 창구에서 투자 신탁 상담을 하면 종종 액티브 펀드를 권유받을 때가 있다. 그러나 손을 대서는 안 된다. 액티브 펀드는 대체로 높은 수수료가 설정되어 있어서 자산을 조용히, 그러나 확실하게 갉아먹기 때문이다.

액티브 펀드란 S&P500이나 국내 주가 등 특정 지수를 웃도는 투자 성과를 목표로 운용되는 투자 신탁을 말한다. 운용 전문가인 펀드 매니저가 독자적으로 판단을 내려서 종목을 선정하고 매매한다.

그러나 과거의 운용 실적을 보면 인덱스 펀드 쪽이 압승이다. 액티브 펀드가 인덱스 펀드를 웃도는 수익을 매년 안정적으로, 지속적으로 올리는 경우는 드물다. 특히 5년, 10년, 20년과 같이 장기적으로 보면 볼수록, 평균적으로 액티브 펀드가 인덱스 펀드에 뒤처지는 경향이 수많은 조사 연구를 통해 보고되고 있다.

액티브 펀드가 인덱스 펀드에 뒤처지는 이유는 높은 수수료 때문이다. 액티브 펀드 운용사는 고도의 전문 지식과 경험을 가진 고액 연봉의 펀드 매니저를 고용하며, 게다가 고객을 유치하기 위한 마케팅 활동도 해야 한다.

이 막대한 비용을 액티브 펀드에 투자하는 투자자들이 높은 수수료의 형태로 부담한다. 수수료를 제외한 성과는 평균적으로 인덱스 펀드와 비슷하면서, 수수료만큼 손에 쥐는 이익이 줄어든다. 그런 액티브 펀드를 적극적으로 선택할 이유는 안타깝게도 전혀 없다.

S&P500인가
전 세계 주식형인가

인덱스 펀드나 ETF를 활용해 폭넓게 분산 투자할 경우, 메타 트렌드나 개별 기업에 대한 팬으로서의 감정은 그다지 중요한 판단 기준이 되지 않는다. 이 경우 특정 업계나 기업을 응원하기보다는 특정 시장이나 지역 전체의 경제 성장을 기대하는 것이기 때문이다.

그래서 자주 논의되는 것이 S&P500과 전 세계 주식형 중 어느 것을 선택할 것인지에 대한 양자택일의 문제다. 이 문제를 파고들어 보면 '미국이라는 한 나라의 경제 성장에 투자할 것인가' 아니면 '전 세계의 경제 성장에 투자할 것인가'라는 선택이라고 할 수 있다.

S&P500은 미국을 대표하는 대형주 500종목으로 구성된 주가

지수다. 지난 수십 년간의 세계 경제를 돌아보면 IT를 비롯한 기술 기업을 중심으로 미국이 항상 세계 경제 성장을 선도해 왔다.

미국에는 GAFAM을 필두로 세계를 바꿀 수 있는 혁신적인 기업들이 밀집해 있다. GAFAM뿐만이 아니다. 테슬라, 엔비디아, 세계적인 제약 회사 일라이 릴리 그리고 아직 상장하지 않았지만 우주 개발 분야에서 세계를 선도하는 스페이스X 등, 각 분야에서 세계를 휩쓰는 쟁쟁한 기업들이 모여 있다.

또한 미국은 혁신을 촉진하고 기업의 성장을 뒷받침하는 이상적인 토양을 갖추고 있다. 적극적인 이민 정책으로 인한 지속적인 인구 증가, 규제 완화, 자금 조달 용이성 등의 덕분이다. 앞으로도 미국이 세계 경제의 중심이면서 가장 강력하게 성장할 것이라고 믿는다면, 단순히 S&P500과 연동된 인덱스 펀드를 선택하면 된다.

반면 전 세계 주식형은 선진국부터 신흥국까지 전 세계의 폭넓은 지역 주식 시장에 분산 투자하는 접근 방식이다. 약 60% 정도를 미국 주식이 차지하지만, 미국만큼 성장에 대한 기대가 높지 않은 국가나 지역도 포함된다.

미국 시장만 투자하는 경우와 비교하면 폭발적인 수익은 얻기 어려울 수 있다. 그러나 국가별 경기 변동이나 지정학적 리스크를 평균화하면서 세계 경제 전체의 성장 혜택을 그대로 누릴 수 있다.

과거를 되돌아보면 선진국이 강력하게 성장한 시기도 있었고 신흥국이 급성장한 시기도 있었다. '미국 1강 체제가 끝날 것 같다', '앞으로 어느 나라나 지역이 성장할지 예측하기 어렵다'라고 생각한다면 전 세계 주식형에 투자하는 것이 무난한 선택이라고 할 수 있다.

나는 생활의 기반이 미국에 있기도 해서, 기본적으로 미국 경제의 성장을 기대하는 마음이 강하다. 그리고 401K(미국의 기업형 확정 기여 연금 제도)를 통해 S&P500의 성과에 연동된 투자 결과를 목표로 하는 '뱅가드 S&P500 ETF'도 운용하고 있다. 그러므로 "S&P500인가요, 전 세계 주식형인가요?"라는 질문을 받으면 내 대답은 S&P500이다.

마치며

먼저 수많은 책들 중에 제 책을 선택해 주셔서 감사합니다.

제가 매주 화요일에 발행하는 뉴스레터 《주간 Life is beautiful》에는 매주 많은 질문이 들어옵니다. 그중 절반 정도가 "테슬라 주식은 앞으로도 오를까요?", "다음에 엔비디아처럼 오를 주식은 무엇일까요?"와 같은 주식 관련 질문입니다.

제가 테슬라, 엔비디아, 애플 등의 주식을 장기 보유한 결과로 큰 평가 이익을 얻고 있다는 이야기를 듣고 이런 질문을 보내시는 듯합니다. 하지만 개별 주식, 특히 매수 시점과 매도 시점을 물으시면 매우 난처합니다. 저는 투자 상담사가 아니기 때문에 무책임하게 답변할 수 없습니다.

출판사로부터 이 책의 집필 제안을 받았을 때도 처음에는 고민이 많았습니다. 주식 투자 방법에 관한 책은 이미 많고, 저와 같은 투자 스타일은 단기적으로 주식에서 수익을 내고자 하는 분들과

맞을 것 같지 않았기 때문입니다.

하지만 일본에서도 NISA(소액 투자 비과세 제도)와 신 NISA 등의 제도가 시작되었고, 그동안 주식 거래를 하지 않았던 분들이 은퇴 후에도 안심하고 생활할 수 있도록 적립식으로 장기 주식을 보유하게 된다면 저와 같은 투자 스타일을 참고하는 것도 나쁘지 않을 것 같다는 생각이 들어 집필을 결정했습니다.

기술의 발전으로 세상은 크게 변화하고 있습니다. 특히 최근에는 AI가 전문가들의 예상보다 빠른 속도로 진화하고 있으며, 18세기 후반 영국에서 시작된 산업 혁명이나 20세기 말부터 시작된 정보·인터넷 혁명보다 더 큰 변화를 사회 전체에 가져오고 있습니다.

당연한 이야기이지만 커다란 사회적 변화는 기존 방식의 비즈니스를 파괴하고, 새로운 흐름을 잘 타는 비즈니스에는 막대한 이익을 안겨 줍니다. 제 투자 방식은 그러한 큰 사회적 변화(메타 트렌드)를 미리 읽고, 다음 시대에 활약할 기업의 주식을 10년 이상 장기 보유하는 스타일입니다.

2010년대에는 기술 산업을 선도하는 알파벳(구글), 애플, 메타(구 페이스북), 아마존의 첫 글자를 딴 GAFA, 혹은 여기에 마이크로소프트를 더한 GAFAM이라는 용어가 유행했습니다. 하지만 메타 트렌드를 주목하던 저는 그 다음으로 전기차와 AI 시대가 올 것이라고 확신했으며, 이 두 업계에서 테슬라와 엔비디아를 선택하는 것은 그리 어려운 일이 아니었습니다.

이런 종류의 주식은 가격이 요동치기 때문에 단기적으로 차익을 얻으려 하면 큰 손해를 볼 가능성이 있습니다. 그러나 메타 트렌드 투자의 관점에서, 전망이 밝다고 판단한 기업의 주식을 10년 이상 장기 보유하면 주가의 변동이나 경기 부침에 영향을 받지 않고 충분히 이익을 얻을 수 있다고 생각합니다.

회사의 주식을 보유한다는 것은 그 회사의 소유주, 팬, 당사자가 되어 사회에 적극적으로 참여한다는 뜻입니다. 이 책을 읽은 분들이 자신의 강점을 살린 자신만의 메타 트렌드 파악 방법을 익히고 10년, 20년 단위로 장기 보유할 만한 가치가 있는 회사(팬이 되고 싶은 기업)를 한두 곳이라도 찾을 수 있기를 간절히 바랍니다.

2025년 2월
나카지마 사토시